Hildegard Krug

Sterne leuchten im Advent

30 Kindergeschichten
zum Vorlesen in der Advents-
und Weihnachtszeit

Verlag der
St.-Johannis-Druckerei
C. Schweickhardt
Lahr-Dinglingen

Folgende weihnachtliche Vorlesebücher von Hildegard Krug mit den Erlebnissen der Familie Wisselmann sind in der Reihe der TELOS-Kindertaschenbücher erschienen:
»Sterne leuchten im Advent« (Nr. 3018)
»Es weihnachtet wieder bei Wisselmanns« (Nr. 3029)
»Es wichtelt ganz heimlich bei Wisselmanns« (Nr. 3033)
»Neue Erlebnisse der Familie Wisselmann« (Nr. 3039)
»Weihnachtsgäste bei Wisselmanns« (Nr. 3042)
»Eine aufregende Adventszeit bei Wisselmanns« (Nr. 3044)

CIP-Kurztitelaufnahme der Deutschen Bibliothek

Krug, Hildegard:
Sterne leuchten im Advent: 30 Kindergeschichten zum Vorlesen in d. Advents- u. Weihnachtszeit / Hildegard Krug. – 3. Aufl., 15.–19. Tsd. – Lahr-Dinglingen: Verlag der St.-Johannis-Druckerei C. Schweickhardt, 1984.
(TELOS-Bücher; Nr. 3018: TELOS-Kindertaschenbuch)
ISBN 3-501-03018-5
NE: GT

ISBN 3 501 03018 5

TELOS-Kindertaschenbuch Nr. 3018
3. Auflage 15.–19. Tausend
Umschlaggestaltung: Herta Müller-Schönbrunn und Atelier der St.-Johannis-Druckerei

Gesamtherstellung:
St.-Johannis-Druckerei C. Schweickhardt, 7630 Lahr-Dinglingen
Printed in Germany 8533/1984

Inhalt

Der erste Advent

Als Hanneli Wisselmann aufwacht, fühlt sie ein unbestimmtes Glücksgefühl in sich aufsteigen: es ist geradeso wie am Geburtstagsmorgen oder vor den großen Ferien. Hanneli gähnt und reibt sich die Augen, und da fällt es ihr wieder ein, was sie so erwartungsfroh stimmt: es ist ja heute der 1. Advent. Ja, nun beginnt sie wieder, die schönste, heimeligste Zeit des Jahres. Kerzen werden angezündet, Weihnachtslieder gesungen, und Hanneli darf jeden Tag ein Fensterchen am Adventshäuschen öffnen und den Spruch vorlesen. Voriges Jahr konnte sie das noch nicht, denn da war sie ja gerade erst zur Schule gekommen. Aber jetzt ist sie schon eine Zweitkläßlerin, die richtig lesen kann.

Hella, die große, tatendurstige Schwester, die fünf Jahre älter ist als Hanneli, hat ihren Geschwistern zum 1. Advent eine besondere Überraschung versprochen. Hanneli ist so gespannt. Was mag das wohl für eine Überraschung sein? Ob ihr zehnjähriger Bruder Hartmut ebenso gespannt ist wie sie?

Eben ist er aufgewacht und summt vergnügt vor sich hin. Der freut sich bestimmt auch über den 1. Advent! – Aber dann müssen die Wisselmann-Kinder all die üblichen Dinge tun, die man an jedem ganz gewöhnlichen Alltag auch tun muß: aufstehen, waschen, Zähne putzen, ankleiden und kämmen.

Endlich versammelt sich die ganze Familie um den Frühstückstisch. Draußen ist es trüb und nebelig. Desto traulicher leuchtet die erste rote Kerze am Adventskranz. Vor jedem Platz hat die Mutter außerdem noch eine Kerze in einem kleinen Leuchter angezündet. Als Adventsüberraschung gibt es für jedes Kind einen Cellophan-Beutel mit feinen Pralinen. Frau Wisselmann hat auch einen Honigkuchen gebacken, der schon zum Frühstück angeschnitten wird. Die Überraschung ihrer großen Schwester dürfen Hartmut und Hanneli nun bestaunen: es ist ein gebackener Adventskalender. Der besteht aus lauter leckeren Plätzchen, die in der Mitte ein Loch haben und an einer Schnur aufgereiht sind. Diese Schnur hat Hella dann zusammengeknotet. Nun kann man den ›Plätzchenkranz‹ aufhängen, wo man will, etwa ans Fensterkreuz oder an einen Bettpfosten. Vorerst hat Hella ihre Überraschung um die Stühle der Geschwister geschlungen. Jeden Tag darf man eines der Plätzchen essen, erklärt sie; das letzte, das am dicksten ist, am Heiligen Abend!

Ja, Hella hat immer so tolle Ideen. Diese Plätzchen hat sie allein gebacken, und zwar bei Frau Hundertmark, der Hauswirtin, die gleich nebenan auf der andern Seite des Hausflures wohnt.

So schön beginnt die Adventszeit bei Wisselmanns. Bald nach dem Frühstück fahren sie alle im Auto zur Kirche. Familie Wisselmann lebt am Rande einer mittelgroßen Stadt. Das Haus, in dem sie wohnen und das Frau Hundertmark und ihrer Tochter Irma gehört, heißt ›Haus Tannengrün‹. Es hat einen Garten mit verschiedenen Nadelbäumen.

In der Kirche findet heute ein Familiengottesdienst statt. Zuerst wird das Adventslied gesungen, das Hanneli am liebsten mag: »Macht hoch die Tür, die Tor macht weit . . .«

Während der Predigt gehen die Kinder nebenan in den

Gemeindesaal und bekommen dort die biblische Geschichte des Sonntags erzählt: der Einzug Jesu in Jerusalem. – »Und so, wie der Herr Jesus damals in Jerusalem eingezogen ist, so will er auch heute noch Einzug halten in unsern Häusern und in unsern Herzen«, sagt Fräulein Engelhorn, die Gemeindehelferin. »So haben wir es ja auch eben gesungen: ›Komm, o mein Heiland Jesus Christ, meins Herzens Tür dir offen ist!‹«

Am Nachmittag wird weiter Advent gefeiert bei Wisselmanns. Es werden wieder Adventslieder gesungen, die der Vater auf dem Klavier begleitet. Herr Wisselmann ist Lehrer. Und da die Lehrer es gewöhnt sind, viele Fragen zu stellen an die Kinder, richtet nun auch Vater Wisselmann ein paar Fragen an seine Sprößlinge. Er möchte herausbekommen, wieviel sie schon begriffen haben von den Bräuchen der Advents- und Weihnachtszeit. So fragt er zum Beispiel, weshalb man sein Heim um diese Jahreszeit mit Tannenzweigen schmückt. Hanneli denkt scharf nach und meint dann: »Weil's da keine Blumen mehr zum Schmükken gibt.«

Der Vater nickt. »Da hast du recht, Kleinchen. Aber nun sagt einmal: kommt eigentlich irgendwo in der Bibel etwas von einer Tanne vor?«

Davon wissen die Kinder nichts. Nun schlägt Lehrer Wisselmann die Bibel auf und zeigt ihnen die Stelle Hosea 14, Vers 9: »Ich will sein wie eine grünende Tanne.« – Das bedeutet, daß Gottes Liebe und Treue zu uns unwandelbar sind wie das immergrüne Nadelkleid der Tanne. Was die Kerzen bedeuten, weiß Hartmut zu erzählen: sie erinnern an den Heiland, der als das Licht der Welt auf diese dunkle Erde gekommen ist. Die Weihnachtssterne deuten natürlich hin auf jenen Stern, der die Weisen aus dem Morgenland nach Bethlehem zu dem Kind in der Krippe führte.

Zuletzt erkundigt sich der Vater nach dem wichtigsten Vers des Liedes »Macht hoch die Tür«. Hanneli, die gut aufgepaßt hat im Kindergottesdienst, weiß die Antwort: »Der letzte Vers.«

»Ja«, bestätigt Lehrer Wisselmann. »Darauf kommt es an, daß der Heiland Einzug hält in unsere Herzen. Dazu ist die Adventszeit da. Möge es für uns alle auch in diesem Jahr eine frohe und gesegnete Zeit werden! Wie gewohnt wollen wir auch diesmal jeden Abend nach dem Abendbrot ein Adventslied singen und dazu die entsprechenden Kerzen am Adventskranz anzünden.«

Später wird noch ein Bibelfragen-Spiel gespielt, und der Vater liest eine Adventsgeschichte vor. Alle finden, daß es ein schöner Adventssonntag gewesen ist.

Montag nach dem 1. Advent

Adventssterne

Am Montagabend kann Lehrer Wisselmann das Adventslied nicht auf dem Klavier begleiten, da er zu einer Besprechung fort muß. Dafür holt Hella ihre Flöte hervor. Das klingt auch gut. Nach dem Singen bleiben die Wisselmann-Kinder noch eine Weile bei der Mutter im Wohnzimmer sitzen. Sie möchte ihnen etwas erzählen.

»Hört nur, was ich gestern abend in unserm Sonntagsblatt gelesen habe«, beginnt sie. »Da berichtete eine Mutter, sie hätte in der Adventszeit immer einen Stern ans Fenster geklebt, wenn die Kinder artig waren. Zuletzt hätten sie ein richtiges ›Sternenfenster‹ gehabt.«

Hier unterbricht Hartmut seine Mutter: »Weißt du, Mutti, das scheint mir übertrieben. So artig können die gar nicht gewesen sein, daß es nachher ein ganzes Fenster voller Sterne gab!«

»Vielleicht haben sie sich Mühe gegeben, so kurz vor Weihnachten«, sinniert Hanneli.

»Probieren wir's doch auch mal!« schlägt die Mutter vor. »Unser großes Wohnzimmerfenster wäre herrlich dazu geeignet.«

Hella ist sofort Feuer und Flamme. Alles Neue lockt sie. »Au fein, das machen wir!« jubelt sie. »Es müssen besondere Sterne sein für jedes von uns Kindern, damit man sie auseinanderkennt . . . Meine Sterne sollen golden sein.«

»Und meine silbern«, fällt Hartmut schnell ein.

»Und meine? Und meine?« ruft Hanneli in kläglichem Ton. Sie hat immer große Angst, daß sie zu kurz kommt.

»Kein Grund zum Jammern; das lohnt sich nicht«, beschwichtigt sie die Mutter. »Für deine Sterne nehmen wir purpurrote Glanzfolie. Das werden dann die schönsten Sterne von allen! Und nun müssen wir noch genauer überlegen, wie wir alles im einzelnen ordnen . . . ›Artig sein‹ ist ein dehnbarer Begriff. Wollen wir nicht lieber sagen: wer in der Adventszeit einem andern eine Freude bereitet, der bekommt einen Stern ans Fenster geklebt. Bin schon gespannt, wer von euch wohl ›Sternensieger‹ werden wird!«

Hella nickt begeistert und spinnt die Idee noch weiter aus. »Ja, und wer von uns was verpatzt, der muß einen von seinen Sternen wieder vom Fenster ablösen.«

»O weh, das wird schwer«, murmelt Hartmut bekümmert vor sich hin.

»Und wer zankt und streitet, kriegt auch was abgezogen«, fügt Hanneli hinzu. – Es kommt leider öfter vor, daß im Kinderzimmer ›dicke Luft‹ herrscht – und das kann Hanneli nicht vertragen.

Hartmut und Hella blinzeln sich zu, denn sie wissen aus Erfahrung ganz gut, wie ein solcher geschwisterlicher Streit entsteht. – »Ich seh's schon kommen«, seufzt Hartmut, »unser Wohnzimmerfenster wird im Leben kein richtiges ›Sternenfenster‹!«

»Aber Hanneli hat recht«, meint die große Schwester. »Zanken und Streiten ist nicht angebracht, wenn der König bei uns einziehen soll. Wir werden uns gewaltig zusammennehmen müssen, Hartmut!«

Hanneli schaut bewundernd zu ihrer Schwester auf, die

immer mit Wort und Tat an der Spitze liegt. »Du wirst natürlich ›Sternensiegerin‹, Hella«, flüstert sie. »Den ersten Goldstern hast du dir schon verdient; du hast ja den ›eßbaren‹ Adventskalender gebastelt und uns dadurch viel Freude geschenkt.«

Halb widerstrebend muß Hartmut das zugeben. »Stimmt. Deine Plätzchen schmecken prima, Hella. Hab heute schon drei verfuttert – konnte nicht widerstehen.«

Hanneli blickt ihren Bruder vorwurfsvoll an. »Das geht doch nicht, Hartmut. Du darfst jeden Tag nur eines essen, sonst kommt dein Kalender ja ganz durcheinander.«

»Na, dann faste ich jetzt eben zwei Tage lang – dann ist alles wieder o. k.«, verspricht Hartmut augenzwinkernd.

Hella ist aufgesprungen. Sie will sogleich zur Tat schreiten. Der erste Adventsstern soll ja ans Sternenfenster geklebt werden! – »Wir brauchen Goldpapier«, ruft sie eifrig.

»Wartet mal«, sagt Frau Wisselmann, »ich glaube, ich habe noch solche selbstklebenden Sterne vom vorigen Jahr, in Gold und in Purpurrot. Damals klebte ich sie zur Verzierung auf die Päckchen drauf. Die können wir nehmen. Sie lassen sich dann auch leicht wieder ablösen. Wegen der Silbersterne werden wir auch schon noch Rat schaffen.«

»Na, vielleicht erwirbt sich der Hartmut gar keinen Stern!« neckt Hella.

»Für dich ist es natürlich am einfachsten, Hella«, piepst das jüngste ›Wisselmännchen‹. »Du als die Älteste hast es viel leichter, andern Freude zu machen.«

»O nein«, widerspricht die Mutter. »Das Freude-Machen

hat nichts mit dem Alter zu tun. Das können die kleinen Mädchen ebensogut wie die ›mittleren‹ Buben und die großen Mädels. Ich weiß von einem kleinen Mädchen, das war damals etwa vier Jahre alt. Wenn die Mutter vormittags mit ihm einkaufen ging, ließ es sich immer ein bißchen hinterherziehen und sang dabei aus vollem Halse seine selbsterdachten Liedchen. Das war so drollig, daß die Vorübergehenden unwillkürlich lächeln mußten über die fröhliche kleine Sängerin – auch wenn sie vorher noch so mürrische, verdrossene Gesichter gemacht hatten. Seht, soviel Freude kann schon ein kleines Mädchen verschenken!«

Hanneli senkt verlegen das blonde Köpfchen und schweigt. Sie weiß, daß die kleine Sängerin ›Hanneli Wisselmann‹ geheißen hat; zwar kann sie sich nicht mehr daran erinnern, doch die Mutter hat ihr schon oft davon erzählt.

Dann sucht Frau Wisselmann die selbstklebenden Sterne heraus, und Hella klebt feierlich den ersten Goldstern ans Wohnzimmerfenster.

Dienstag nach dem 1. Advent

Der Verkündigungsengel

Hella Wisselmanns beste Freundin heißt Annelore Wienhold. Sie wohnt in der Nähe, so daß die Freundinnen den Schulweg zum größten Teil gemeinsam zurücklegen können. Annelore ist das einzige Kind. Ihr Vater verdient gut als Chemiker, und Frau Wienhold arbeitet halbtags als Auslandskorrespondentin. So können die Eltern Wienhold ihrer einzigen Tochter beinahe jeden Wunsch erfüllen. Aber Annelore findet es bei Wisselmanns viel lustiger als in ihrem eigenen schönen Heim.

Jeden Dienstagnachmittag ist Mädchenkreis. Hella geht gerne hin, und sie hat ihre Freundin schon längst ›auf dem Kieker‹. Doch bisher hat Annelore noch immer eine Ausrede erfunden, um die Einladung ihrer Freundin ablehnen zu können. Ach ja, das ›Menschen-Fischen‹ ist wirklich nicht leicht! Trotzdem darf ein ›echter Fischer‹ niemals aufgeben, sondern muß es mit einem extra feinen ›Köder‹ versuchen.

»Wir wollen ein Krippenspiel einüben für die Weihnachtsfeier in der Kirche«, verrät Hella. »Heute sollen die Rollen verteilt werden – hat Fräulein Engelhorn gesagt, unsere Jugendleiterin und Gemeindehelferin.« Hella weiß nämlich, daß Annelore für ihr Leben gern Theater spielt.

Und tatsächlich schnappt Hellas ›Fischlein‹ nach dem ausgeworfenen ›Köder‹! Annelore spitzt ganz offensichtlich die Ohren und fragt neugierig: »Ein Krippenspiel? Darf da jeder mitspielen?«

Hella nickt heftig. »Ja, jeder, der zum Mädchenkreis gehört. Auch die Neuen. Heute wird alles entschieden werden.«

Noch zögert Annelore und erkundigt sich stockend, ob sie denn noch Mitspieler gebrauchen könnten.

»Klar«, behauptet Hella kühn. »Jede Menge!«

Und so ziehen die beiden Freundinnen am Nachmittag tatsächlich zusammen los ins Gemeindehaus. Von Fräulein Engelhorn, der Gemeindehelferin, werden sie herzlich empfangen. Etwa zwanzig Mädchen haben sich im Jugendraum eingefunden. Ob da wohl noch eine Rolle für mich abfällt? fragt sich Annelore zweifelnd.

Zuerst wird ein Lied gesungen, dann werden die Bibeln aufgeschlagen, und es wird das Gleichnis von den zehn Brautjungfern besprochen, die mit ihren Lampen auszogen, um den Bräutigam ins Hochzeitshaus zu geleiten. Aber nur die Hälfte durfte nachher tatsächlich mitfeiern; die andern waren im entscheidenden Augenblick nicht bereit. »Bereit sein ist alles!« dieses Wort schärft Fräulein Engelhorn ihren Mädchen ein.

»Diese Geschichte von den Brautjungfern könnte man auch schön darstellen«, meint Ingrid nachdenklich.

»Du hast recht«, pflichtet ihr Fräulein Engelhorn bei. »Doch diesmal soll es ja ein Krippenspiel sein, das wir aufführen wollen. Habt ihr euch schon überlegt, welche Rollen ihr übernehmen wollt?«

Ingrid möchte die Maria spielen und die lange, dünne Michaela den Joseph. Anni will ein Hirte sein und die rundliche Minnie der Herbergswirt.

Michaela mustert die ›Neue‹ und meint dann: »Annelore

würde einen prächtigen Verkündigungsengel abgeben.«

Die ›Neue‹ errötet vor Freude, bis Anni Einspruch erhebt: »Das geht nicht. Hella hat sich schon für diese Rolle gemeldet.«

Aller Blicke richten sich nun auf die beiden Freundinnen und mustern sie prüfend. Sie sind beide blond und groß für ihre zwölf Jahre. Hella ist kräftiger gebaut und hat kurzes, glattes Haar, während der zarteren Annelore die Locken bis auf die Schultern herabhängen.

Die Gemeindehelferin räuspert sich. »Hm, ich will mich da nicht einmischen. Ihr müßt das selber entscheiden. Ich bin überzeugt davon, daß jede von euch dieser Rolle gerecht werden würde.«

Hella wird langsam rot; es ist ihr ganz sonderbar zumute. Sie hat sich diese Rolle so sehr gewünscht, hat schon lange davon geträumt . . . Aber wenn ihre beste Freundin sie nun auch haben möchte, diese Annelore, die sie für den Mädchenkreis ›einfangen‹ will? – Hella seufzt. Das Leben ist manchmal schwierig! Dann gibt sie ihrem Herzen einen Stoß, sie schluckt und sagt mit gepreßter Stimme: »Annelore kann den Verkündigungsengel spielen; ich mache einen Hirten – wie Anni.«

Annelores blaue Augen strahlen. Mit großem Eifer ist sie bei der Sache. Als die Freundinnen sich trennen müssen, erklärt sie: »Es hat mir gut gefallen bei euch im Mädchenkreis. Und ich bin so froh, daß ich den Engel spielen darf.«

»Ich bin auch froh«, erwidert Hella. Und das stimmt, denn ›Menschenfangen‹ macht immer froh.

Beim Abendessen erkundigt sich Frau Wisselmann danach, wie die Rollen des Krippenspiels nun verteilt worden sind.

»Ich spiele einen Hirten«, berichtet Hella.

»Wie?« staunt Hanneli. »Du wolltest doch den Engel machen. Dazu paßt du so gut.«

»Meine Freundin Annelore eignet sich noch besser dazu«, behauptet Hella.

»Du hast also ihr zuliebe verzichtet«, stellt Hartmut fest. »Die kann sich freuen, deine Freundin!«

»Ein Stern! Ein Stern! Ein Goldstern für Hella!« schreit Hanneli plötzlich. »Sie hat schon wieder jemanden froh gemacht.«

Niemand kann widersprechen. Und so ist Hella zu ihrem zweiten Adventsstern am Sternenfenster gekommen.

Mittwoch nach dem 1. Advent

Ein Tropfen Öl

Familie Wisselmann hat sich um den Mittagstisch versammelt. – »Schon wieder hat sie so gequietscht, die olle Tür. Es ist nicht mehr zum Aushalten!« ruft Hella.

»Wie sie mich heute wieder angesehen hat, als ich die Treppe heraufgestiegen bin, die alte Frau Gramlich«, beschwert sich Hartmut. »Unsere Hauswirtinnen sind so nett, aber diese Frau Gramlich da oben im Obergeschoß . . . Daß man mit solchen Leuten in einem Hause leben muß!«

»Ja, da muß etwas geschehen«, pflichtet der Vater bei.

»Ganz einfach, das Ölkännchen muß her, dann wird sie schon aufhören zu quietschen«, erklärt Hella energisch.

»Wer? Die Frau Gramlich?« fragt die Mutter verwirrt.

»Nein, die hört nicht so leicht auf, immer muß die was zu meckern haben«, brummt Hella ärgerlich.

»Und dabei hatte ich ihr doch gar nichts getan!« klagt Hartmut.

»Wem? Der Tür?« – Die Mutter schüttelt verständnislos den Kopf.

»Ruhe!« mahnt Lehrer Wisselmann und klopft auf den Tisch, daß die Teller und Bestecke klirren. »Dieses Knäuel wollen wir später entwirren. Jetzt wollen wir zuerst mal unser Sauerkraut essen nebst Kartoffelbrei und Leberknödeln. Sonst wird noch alles kalt.«

Die Kinder schweigen und langen zu. Hanneli hat das schon besorgt, während die andern noch redeten. So hat sie einen Vorsprung. Schließlich steht sie leise vom Tisch auf.

»Nanu!« wundert sich der Vater. »Was ist denn das für eine neue Ordnung? Wir haben doch noch gar nicht das Dankgebet gesprochen, und die Großen sind noch alle beim Essen.«

Hanneli lächelt ihn strahlend an. »Ich möchte doch nur mal probieren, Vati!« – Damit schreitet sie zur Tür und öffnet sie langsam. Nun können es alle hören. Hella hat recht gehabt: Die Tür quietscht wirklich fürchterlich. Na, das wird bald behoben sein. Der Vater wird gleich nachher das Ölkännchen holen. Und ein solcher Tropfen Öl kann Wunder wirken bei einer quietschenden Tür!

»Ja, aber . . .« Die Mutter blickt fragend in die Runde. »Da war doch eben noch etwas, über das ihr euch erregt hattet . . . War da nicht die Rede von unserer Hausbewohnerin Frau Gramlich?«

Hartmut nickt heftig. »Die quietscht und knarrt noch schlimmer als eine Tür! Und da hilft kein Öl – nicht mal eine ganze Kanne voll.«

Frau Wisselmann wiegt den Kopf. »Sagt das nicht, Kinder! Was das Öl für eine knarrende Tür bedeutet, das könnte ein wenig Liebe für eine alte, einsame, schwerhörige und deshalb mißtrauische Frau wie Frau Gramlich sein. Wer will es mal bei ihr versuchen mit einem Tropfen Öl?«

Die Kinder schweigen, und doch ist auf ihren Gesichtern die Antwort deutlich zu lesen: bei solch einer mürrischen Alten ist doch Hopfen und Malz verloren.

Als die Familie sich am Abend wieder zusammenfindet, knarrt die Wohnzimmertür längst nicht mehr. Und Hartmut hat etwas zu erzählen. »Heute nachmittag hab ich die alte Frau Gramlich mal ein bißchen geölt.«

»Ja, wie denn? Ja, wo denn?« fragt Hella neugierig.

»Ich traf sie zufällig auf der Treppe«, berichtet Hartmut. »Da schleppte sie gerade einen gefüllten Kohleneimer nach oben. Ist doch viel zu schwer für so 'ne alte Frau. Da hab ich den Eimer gepackt und nach oben getragen. Zuerst hat sie ganz komisch geguckt und wollte schon fast anfangen zu zetern. Dann hat sie sich beruhigt, und zuletzt hat sie sogar 'n bißchen gelächelt und ›danke‹ gesagt.«

»Gut gemacht«, lobt der Vater, und Hanneli schreit: »Ein Stern! Ein silberner Adventsstern für Hartmut!«

Die Mutter aber sagt: »Nächsten Sonntag werd' ich Frau Gramlich mal zum Kaffee einladen. Sie braucht das Öl der Liebe – wie wir alle.«

Donnerstag nach dem 1. Advent

Das verlorene ›W‹

Hartmut Wisselmann und sein Freund Gerhard Röder sitzen bei Wisselmanns im Kinderzimmer.

»Endlich hat unsere Zeichenlehrerin Fräulein Reisler mal einen gescheiten Einfall gehabt«, meint Hartmut. »Solche kleinen Kärtchen mit weihnachtlichen Motiven zu bemalen, macht richtig Spaß. Das hat doch wenigstens einen Sinn und ist zu etwas nütze. Ich werde meine Kärtchen meiner Mutter schenken. Die kann sie bestimmt gebrauchen, um sie in die Weihnachtspäckchen zu legen.«

Gerhard Röder strichelt und pinselt nicht weniger eifrig an seinen Kärtchen herum. »Meine sind bald fertig. Aber dann müssen wir noch in Kunstschrift draufschreiben: ›Fröhliche Weihnachten‹. Du, das ist langweilig. Kunstschrift schreib' ich gar nicht gern.«

Da hat Hartmut einen Einfall. Er ist nämlich auch kein Freund der mühseligen Kunstschrift. »Weißt du was, Gerhard? Wir schreiben nicht, sondern drucken einfach auf jedes Kärtchen drauf: ›Fröhliche Weihnachten‹.«

»Ja, geht das denn?« fragt Gerhard zögernd.

»Na klar. Meine Schwester hat doch einen Druckerkasten. Mit dem geht's prima.«

»Ja, wenn sie uns den leiht . . .« Gerhard denkt an seinen kleinen Bruder Andy, der jedesmal in ein Indianergeheul ausbricht, wenn einer seine Spielsachen auch nur anrührt.

»Tut sie bestimmt«, behauptet Hartmut kühn. »Werd' sie gleich mal fragen. Sie macht sicher in Vaters Arbeitszimmer Schulaufgaben. Aber nein! Sie ist ja weggegangen zu ihrer Freundin Annelore. Na schön. Dann können wir sie eben nicht fragen, sondern leihen uns den schönen roten Druckerkasten ungefragt aus. Was kann sie schon dagegen haben? Kleinlich ist Hella nicht. Und wir sind ja große Jungen, wir machen nichts kaputt. – So, da ist der Kasten. Diesen leeren Stempel nehmen wir, suchen mit der Pinzette die richtigen Buchstaben heraus und fügen sie ein. Da! ›Fröhliche‹ haben wir schon beisammen. Jetzt fehlt bloß noch ›Weihnachten‹. Such mal schnell ein großes ›W‹ heraus, Gerhard!«

Gerhard überfliegt die Buchstabenreihen im Druckerkasten. Ein großes ›W‹ kann er nirgends entdecken. »Es ist – keines – da«, erwidert er zögernd.

»Unsinn!« ruft Hartmut. »Guck nur richtig nach. Muß ja da sein!«

Aber auch als Hartmut seinem Freund zu Hilfe kommt, können sie kein ›W‹ finden. Was nun? Hartmut kratzt sich am Hinterkopf. Dann fällt ihm eine Lösung ein: »Du, Gerhard, hier ist ja der Stempel mit Hellas Namen, den sie immer auf ihre Schulhefte druckt. Da nehmen wir einfach das ›W‹ von ›Wisselmann‹ weg und verwenden es für unser ›Weihnachten‹. Wenn wir fertig sind, fügen wir es wieder schön in Hellas Namensstempel ein.«

Ja, diese Idee ist nicht übel. Gesagt, getan. Schon ist der ›Weihnachtsstempel‹ fertig, und bald sind alle Kärtchen schön ordentlich gestempelt. Nun fangen die Jungen an, die Buchstaben wieder in den Druckerkasten einzuordnen.

»Gib das große ›W‹ her, damit ich es vor das ›isselmann‹ setzen kann«, sagt Hartmut.

Gerhard nimmt die Pinzette, um es seinem Freund zu reichen – doch das ›W‹ ist nicht mehr da! »Verflixt und zugenäht, wo ist das Biest bloß hingekommen?« schimpft Gerhard leise vor sich hin.

Wieder durchstöbert er den ganzen Druckerkasten – kein ›W‹ ist aufzutreiben! – »Vielleicht ist es heruntergefallen«, vermutet Hartmut, böser Ahnungen voll.

Beide Jungen kriechen unter den Tisch und tasten sorgfältig den Fußboden ab. Doch das ›W‹ bleibt verschwunden. Schließlich muß Gerhard sich verabschieden. Er ist ziemlich geknickt. Hartmut bemüht sich, ihn zu beruhigen. Leider gelingt ihm das nur unvollkommen. Es ist ihm nämlich selber einigermaßen mulmig zumute. Hella kann jetzt jeden Augenblick von Wienholds zurückkehren. Da muß er das vergebliche Suchen aufgeben, stellt den Drukkerkasten flugs auf seinen Platz zurück und hofft inständig, daß seine große Schwester in absehbarer Zeit kein neues Schreibheft einweihen muß.

Leider erfüllt sich seine Hoffnung nicht. Was schwenkt Hella in der Hand, als sie etwas später das Kinderzimmer betritt? Ein funkelnagelneues Wörterheftchen. Sie holt den Druckerkasten aus dem Schrank und drückt den Namensstempel darauf – nanu, was ist denn das, da steht ja auf einmal ›Hella isselmann‹! So 'ne Pleite! Ist das ›W‹ vielleicht herausgefallen? Hella untersucht ihren Druckerkasten sorgfältig. Sie kann das verlorene ›W‹ nirgends finden. Der Bruder ist nicht im Zimmer, so wendet sie sich in strengem Ton an ihre kleine Schwester: »Ist eines von euch an meinem Druckerkasten gewesen?«

Hanneli druckst unglücklich herum. Sie kann nicht schwindeln, und sie hat doch nun mal beobachtet, was die Jungen an diesem Nachmittag getrieben haben. So kommt die ganze Sache bald ans Tageslicht. Hella schäumt vor Wut und stellt ihren Bruder zur Rede. »Was soll mir jetzt noch der ganze Druckerkasten, wenn ich nicht mal mehr meinen Namen damit drucken kann?« schnaubt sie.

Hartmut ist sehr kleinlaut. »Es tut mir leid. Wir haben das ›W‹ ja nicht mit Absicht verbummelt. Es war nicht bös gemeint.«

Hellas Augen funkeln immer noch zornig. Sie ist zu empört.

»Sei doch wieder gut«, bittet Hanneli leise. »Es ist doch Advent – und wir dürfen nicht zanken und streiten.«

»Das ist mir schnuppe«, faucht Hella, und dann geht sie ans Sternenfenster und löst zwei Sterne ab, einen goldenen und einen silbernen.

Fräulein Fricke freut sich

Der Handarbeitsladen des Fräulein Fricke liegt etwas abseits in der Hubertusgasse. Trotzdem braucht sich das ältliche Fräulein nicht über mangelnde Kundschaft zu beklagen. Alle Frauen und Mädchen, die gerne handarbeiten, finden schon den Weg zu ihr, denn nirgends sonst wird man so gut beraten.

An diesem Freitagnachmittag betreten zwei Schülerinnen den Laden von Fräulein Fricke. Sie mögen etwa zwölf Jahre alt sein, sind beide groß für ihr Alter, blondhaarig und blauäugig. Nur ist die eine zarter und die andere kräftiger gebaut.

»Wir möchten, bitte, Decken haben zum Aussticken«, verkündet die Stämmige.

»Am liebsten mit Kreuzstichmuster«, fällt die Zarte ein.

Fräulein Fricke schleppt einen Stoß Decken herbei und breitet sie vor sich auf dem Ladentisch aus. »In welcher Größe wollt ihr sie haben? Sollen es viereckige Decken sein oder rechteckige oder ovale?«

Die Mädchen stecken die Köpfe zusammen und tuscheln miteinander. »Viereckige Decken, bitte«, sagt die Stämmige dann.

»Oh, guck mal, dies ist ein hübsches Muster, so lustig und abwechslungsreich«, findet die Zarte.

Die Stämmige erkundigt sich nach dem Preis. Wieder werden die blonden Köpfe zusammengesteckt, und es wird beraten. Endlich ist der Entschluß gefaßt: »Wir nehmen diese da.«

Fräulein Fricke legt die verlangte Decke beiseite.

»Halt!« ruft da die Stämmige. »Noch eine, bitte. Wir brauchen zwei. Zwei von der gleichen Sorte.«

»Wirklich?« wundert sich Fräulein Fricke. »Ich habe auch noch andere sehr hübsche Muster. Wollt ihr sie euch nicht einmal anschauen?«

Die Zarte schüttelt den Kopf. »Vielen Dank. Nein, diese beiden nehmen wir. Wegen des Stickgarns müssen wir erst mal überlegen und unsere Vorräte überprüfen . . .«

Fräulein Fricke ist schon am Einpacken, da öffnet die Stämmige noch einmal den Mund: »Wenn wir die Decken fertig gestickt haben – was nehmen wir dann als Abschluß?«

»Ihr könntet sie zum Beispiel umhäkeln.«

Die Mädchen gucken sich betreten an, als würden sie sich das nicht recht zutrauen.

»Oder«, fährt die Ladeninhaberin fort, »ihr nehmt eine fertige Spitze. Ich habe welche da. Falls ihr das wünscht, könnte ich sie euch sogar annähen«, fügt sie mit einem freundlichen Lächeln hinzu, denn die beiden blonden Freundinnen in ihrem unbeholfenen Eifer machen ihr Spaß.

Jetzt strahlt die Stämmige sie an. »Ach ja, bitte, das wäre richtig nett. Es sollen nämlich Weihnachtsgeschenke werden für unsere Mütter – verstehen Sie? Und da müssen unsere Decken doch besonders hübsch ausfallen, nicht wahr?«

Nun, das sieht Fräulein Fricke selbstverständlich ein. Man merkt ihr ordentlich an, wie sie sich über die kleinen Kundinnen freut. Als die beiden schon den Laden verlassen haben, schmunzelt sie noch immer still vergnügt und denkt: »Eine selbstgestickte Decke als Weihnachtsgeschenk für die Mutter, – allerhand, wirklich! Hätte nicht geglaubt, daß es so was heute noch gibt; stellte mir vor, die Kinder wüßten heutzutage nichts Besseres zu tun in ihrer Freizeit, als vor dem Fernsehschirm zu hocken.«

Hella Wisselmann und Annelore Wienhold wandern frohgemut nach Hause. Sie wollen ganz fleißig und streng geheim an ihren Decken sticken, damit sie auch bestimmt noch fertig werden bis zu Weihnachten.

»Mein Zimmer kann man abschließen, darin sind wir ganz sicher«, verrät Annelore. »Komm du nur so oft wie möglich zu mir, dann wollen wir in aller Stille an unsern Decken sticken. Ich glaube, wir werden schon gut damit vorankommen.« –

Beim Abendessen in Haus Tannengrün wirkt das größte Wisselmännchen sonderbar abwesend. Dann und wann lächelt sie versonnen vor sich hin, als ob sie sich an einem schönen Gedanken erwärmt.

Lehrer Wisselmann beobachtet seine Große verstohlen. »Nanu, Hella«, fragt er dann, »worüber denkst denn du so freundlich nach? Etwa über deinen Weihnachtswunsch?«

»Nein«, erwidert Hella. »Den weiß ich doch längst, und du weißt ihn auch: es sind neue Schlittschuhe. Ich denke nur – hm – darüber nach – hm – wie sich heute nachmittag jemand gefreut hat.«

»Über dich?« erkundigt sich die Mutter.

Als Hella verlegen nickt, ruft Hanneli: »Dann kriegt sie einen neuen Goldstern ans Fenster!«

»Nein«, widerspricht Hartmut und schielt wenig liebenswürdig zu seiner Schwester hinüber. »Das kann jeder sagen! Zuerst muß sie richtig erzählen, wer sich wo über wen gefreut hat, sonst gibt's keinen Stern. Wäre ja noch schöner!« – Man merkt deutlich, daß das Kriegsbeil zwischen den beiden noch nicht begraben ist.

»Ich kann's nicht sagen«, erklärt Hella entschieden, »denn es ist ja eine Weihnachtsüberraschung.«

»Hella lügt nicht«, weist Hanneli ihren Bruder zurecht. »Das weißt du ganz gut. Wenn sie es sagt, ist es auch so gewesen.«

So bekommt Hella wieder einen Goldstern ans Sternenfenster geklebt. Ihr ist nicht besonders wohl dabei. Diese dumme Sache mit Hartmut ist ja noch immer nicht bereinigt . . .

Hannelis Weihnachtszweig

Ganz aufgeregt kommt Hanneli am Samstagnachmittag aus der Kinderstunde nach Hause. – »Mutti, Mutti«, ruft sie, »schau nur, was ich da habe!«

Frau Wisselmann blickt ihr kleines Mädchen an und sagt: »Aha. Ein Tannenzweiglein. Ihr habt wohl Advent gefeiert – ja?«

»Das ist kein gewöhnliches Tannenzweiglein«, erklärt Hanneli eifrig. »Das ist ein Weihnachtszweiglein. Jeder von uns hat eines gekriegt. Das sollen wir ins Zimmer tun, hinter ein Bild oder so, damit wir es sehen und immer daran denken, daß bald Weihnachten ist und daß der Heiland bei uns einziehen will. Wir haben heute wieder mein liebstes Adventslied gesungen in der Kinderstunde: ›Macht hoch die Tür, die Tor macht weit . . .‹ Da kommt doch in einem Vers auch was von Zweiglein drin vor . . .«

»Du meinst wohl diesen Vers«, vermutet die Mutter und sagt ihn her:

»Macht hoch die Tür, die Tor macht weit,
eur Herz zum Tempel zubereit'.
Die Zweiglein der Gottseligkeit
steckt auf mit Andacht, Lust und Freud;
so kommt der König auch zu euch,
ja Heil und Leben mit zugleich . . .

Siehst du, Hanneli, in diesem Vers ist nicht in erster Linie die Rede davon, daß wir unsere Häuser, sondern daß wir unsere Herzen schön ausschmücken sollen für den einziehenden König.«

»Die Herzen?« staunt Hanneli. »Aber da kann man doch keinen Weihnachtszweig reinstecken!«

»Nein«, lächelt Frau Wisselmann. »Aber wir dürfen den König aller Könige bitten, daß er unsere Herzen ausräumt und dann bei uns einzieht mit seinem Heiligen Geist. Dann regieren Freude und Friede im Herzen.«

Hanneli nickt und wiederholt: »Freude und Friede. Das ist es ja gerade. Darum muß man den Weihnachtszweig ins Kinderzimmer bringen. Denn wenn er da ist, darf man sich nicht zanken. Niemand darf sich streiten unter dem Weihnachtszweig. Da müssen alle ganz friedlich sein. Das hat Schwester Dora in der Kinderstunde gesagt.«

Also zieht Hanneli los ins Kinderzimmer mit ihrem Zweiglein in der Hand. Suchend blickt sie sich dort um. Endlich hat sie einen passenden Platz dafür gefunden: hinter dem Bild mit dem hübschen Scherenschnitt von dem blühenden Rosenbäumchen. Hanneli holt sich einen Stuhl, steigt hinauf und bringt ihren Zweig dort an. Sie atmet erleichtert auf.

Hella sitzt an ihrem Arbeitstisch und rechnet. Sie hat der kleinen Schwester aufmerksam zugeschaut. »Willst du unser Zimmer weihnachtlich ausschmücken?« fragt sie jetzt.

»Es ist ein Weihnachtszweiglein, das hab ich aus der Kinderstunde mitgebracht«, erzählt Hanneli bereitwillig. »Unter dem Weihnachtszweig muß immer Friede und Freude sein. Da darf man sich gar nicht zanken.«

Hella lächelt ihre kleine Schwester an und rechnet dann

weiter. Bald geht die Kinderzimmertür wieder auf, und Hartmut kommt herein. Er begibt sich an seinen Arbeitsplatz, pfeift leise vor sich hin und fängt an, seine Bücher und Hefte zu ordnen.

»Sei bitte still, ich muß rechnen«, befiehlt Hella in hoheitsvollem Ton.

»Hab ja gar nichts gesagt«, verteidigt sich Hartmut.

»Doch, du hast gepfiffen«, beharrt Hella.

»So. Ist das vielleicht verboten?«

»Ja, denn es stört mich.«

Hartmut macht sich schweigend an die Arbeit. Nach einer Weile bittet er: »Kannst du mir mal deine Buntstifte leihen, Hella? Wir müssen eine Karte zeichnen für Erdkunde. Und meine sind schon fast alle abgebrochen.«

»So? Das könnte dir so passen!« schnaubt Hella. »Nachher sind meine schönen Buntstifte auch ›fast alle abgebrochen‹!«

»Sei doch nicht immer so ungefällig!«

»Kann ich anders, wo du so unordentlich bist und alles verbummelst oder kaputt machst? Wer hat denn mein einziges ›W‹ verloren, so daß jetzt mein ganzer Druckerkasten wertlos ist? Wer denn?«

»Das wirst du mir nun wohl bis ans Ende meiner Tage vorwerfen, was?«schreit Hartmut, der jetzt auch wütend geworden ist.

Hanneli erbleicht vor Schreck. Schnell klettert sie auf einen Stuhl und holt das Weihnachtszweiglein herunter. Mit dem Zweig in der Hand tritt sie mitten unter ihre streitenden Geschwister. »Hella! Hartmut!« ruft sie ängstlich.

»Ihr dürft doch nicht zanken. Doch nicht unter dem Weihnachtszweig! Denn dann kann der König aller Könige ja nicht bei uns einziehen. Unter dem Weihnachtszweig muß immer Friede und Freude sein.«

Die beiden Großen sind plötzlich verstummt und senken beschämt die roten, erhitzten Köpfe. Schließlich streckt Hartmut zögernd die Hand aus. »Sei doch wieder gut, Hella! Es ist nun mal passiert. Das große ›W‹ ist weg. Was kann man da machen? Aber – weißt du – zu Weihnachten schenk ich dir einen neuen Druckerkasten.« – Zwar weiß Hartmut noch nicht, woher er das Geld dazu nehmen soll. Doch: kommt Zeit, kommt Rat. Bis Weihnachten sind es ja noch über zwei Wochen.

Hella schlägt in Hartmuts ausgestreckte Hand ein. »In Ordnung, Hartmut. Und hier hast du meine Buntstifte.« – Dann steckt sie das Weihnachtszweiglein wieder zurück an seinen Platz hinter dem Scherenschnitt und streichelt ihre kleine Schwester. »Ja, Kleinchen, wenn wir dich nicht hätten! Heute hast du aber bestimmt einen Purpurstern verdient. Was meinst du, Hartmut?«

Doch, der Bruder meint das auch, und so darf Hanneli nach dem Abendbrot ihren ersten Adventsstern ans Sternenfenster kleben.

Der zweite Advent

Zum zweiten Advent hat Frau Wisselmann die alte Frau Gramlich eingeladen. Zuerst sitzt man ein bißchen verlegen um den Kaffeetisch. Man muß laut sprechen, denn die Mieterin von oben ist schwerhörig. Doch nach der vierten Tasse Kaffee und dem dritten Stück Gewürz-Napfkuchen taut ›Oma Gramlich‹ richtig auf. Bald merken alle, daß Hartmut ihr erklärter Liebling ist. Vielleicht deshalb, weil er der erste war, der sie ein bißchen ›geölt‹ hat? Oder auch deshalb, weil Frau Gramlich selber einmal zwei Buben gehabt hat. Die sind nicht aus dem Kriege heimgekommen, und so muß Oma Gramlich im Alter einsam sein.

Aber heute ist sie nicht einsam, heute ist sie ja bei ihren Nachbarn zu Gast, und da geht es lustig zu. Ganz plötzlich fällt Oma Gramlich ein Spiel ein, das ihre Jungen früher immer so gern gespielt haben. Es heißt: »Mein Vater hat ein Schwein geschlachtet. Was willst du davon haben?« – Nun darf sich jeder ein schönes Stück aussuchen, etwa einen Schinken oder ein Kotelett oder eine lange Wurst oder auch das Schwänzchen! Es sind heute übrigens vier Kinder bei Wisselmanns: Hella hat ihre Freundin Annelore eingeladen, weil deren Eltern verreist sind.

Nachdem jeder sich etwas ausgesucht hat von dem herrlichen, fetten Schwein, wandert Oma Gramlich von einem zum andern und stellt die ulkigsten Fragen, zum Beispiel: »Womit begrüßt ihr am Morgen in der Schule euren Lehrer?« oder: »Was hat der Pastor heute im Kindergottesdienst gesagt?« – Es ist doch wirklich zu komisch, wenn man darauf nichts anderes antworten darf als unentwegt: »Schinken!« oder »Das Schwänzchen!« Zuerst wird gegrinst, dann geschmunzelt und schließlich laut gelacht. Aber jeder, der sich verplappert oder der sich nicht beherrschen kann, muß auf der Stelle ein Pfand hergeben.

Schließlich wird Hella zum Pfänderauslösen auserkoren. Ihr werden die Augen verbunden, und sie wird gefragt: »Was soll derjenige tun, dessen Pfand ich hab in meiner Hand?«

Ach, da kommen drollige Sachen bei heraus! Richtige Löcher könnte man sich in die Strümpfe lachen! Hartmut rutscht glimpflich durch, er braucht bloß ›drei Fragen hinter der Tür‹ zu beantworten. Aber Lehrer Wisselmann, na, den hat's erwischt: dreimal muß er niederknien und rufen: »Ich bin sooo dumm!« Frau Gramlich soll auf einem Bein stehend ein Gedicht aufsagen. Es fällt ihr schwer, das Gleichgewicht zu halten, und sie muß sich dabei an einem Stuhl festhalten. Ihr Verschen paßt ausgezeichnet zum ›Schlachtfestspiel‹:

»Das fette Schwein wird abgeschlacht',
und daraus Schinken, Wurst gemacht.
Gerechte Strafe, die muß sein:
das Schwein – das Schwein war ein zu großes
Schwein!«

Die Mutter wird dazu verurteilt, ›ihr Testament zu machen‹. Aus ihrem ›Nachlaß‹ kriegt ausgerechnet Oma Gramlich einen Kuß und der Vater eine Ohrfeige. – Hella selber muß auf einem Stuhl stehend den Leitartikel aus der Samstagzeitung vorsingen nach der Melodie ›O Tannenbaum, o Tannenbaum . . .‹

Hanneli ergeht es schlimm. Sie soll den Bürgermeister anrufen und ihm einen fröhlichen Adventssonntag wünschen. Solche Angst hat sie, daß der Bruder die Nummer für sie wählen muß. Als sie dann den Hörer in die Hand gedrückt bekommt, stottert sie: »W-wir w-wünschen Ihnen einen fröhlichen Bürgersonntag, Herr Adventsmeister!«

Annelore wird die Aufgabe übertragen, sich bei Hundertmarks ein Zündholz auszuleihen zum Anzünden der Kerzen am Adventskranz. Hartmut oder Hella würde das gar nichts ausmachen, aber Annelore kennt Hundertmarks doch noch nicht und geniert sich fürchterlich. »Ach Gott, ach Gott, das kann ich nicht!« jammert sie.

Schließlich erbarmt sich Hella ihrer Freundin und begleitet sie über den Flur hinüber zu den Hauswirtinnen. Frau Hundertmark und ihre Tochter sind nicht böse, sie können gut einen Spaß verstehen. Sie fragen, ob sie rüberkommen und mitsingen dürften. Das dürfen sie natürlich gern. Nun klingen die Adventslieder richtig voll und schön. Lehrer Wisselmann begleitet sie wieder auf dem Klavier.

Plötzlich schaut Annelore auf die Uhr und ruft: »Ach Gott, ach Gott, schon so spät! Da muß ich ja bald nach Hause.«

Frau Gramlich blickt das schlanke blonde Mädchen mißbilligend an und meint: »Du hast wohl keine Pfennigschachtel – wie?«

Verwirrt schüttelt Annelore den Kopf. »Nein. Eine Pfennigschachtel? Was ist denn das?«

»So? Du hast keine? Hab ich mir gedacht. Aber die Zehn Gebote – die hast du doch wohl schon gelernt in der Schule – wie? Auch das zweite, wo drinsteht, daß man Gottes Namen nicht mißbrauchen darf? – Siehst du, als ich ein kleines Mädchen war – es ist schon lange her –, da hatten wir mal eine Handarbeitslehrerin, die es mit der Befolgung des zweiten Gebotes sehr genau nahm. Wer sich verplapperte und den Namen Gottes gedankenlos aussprach, der mußte unweigerlich einen Pfennig Strafe bezahlen in unsere Pfennig-Schachtel. Mit der Zeit haben wir Mädchen uns das gemerkt, und keine hat mehr ›ach Gott‹ oder ›herrje!‹ gesagt.«

»Und das Geld – das Geld aus der Pfennig-Schachtel? Was habt ihr damit gemacht?« möchte Hanneli wissen.

»Dafür haben wir Weihnachtsgeschenke für arme Kinder gekauft«, erzählt Frau Gramlich.

Nun ist es Zeit aufzubrechen für Annelore. Hella begleitet sie vom Eschenweg (wo Wisselmanns wohnen) zu Wienholds in den Ahornweg. »Wir wollen uns auch eine Pfennig-Schachtel anlegen«, schlägt Annelore vor. »Eure Nachbarin hat ganz recht. Ich muß es mir abgewöhnen. Jetzt, wo ich in den Mädchenkreis gehe und den Verkündigungsengel spielen darf! Wäre ja ’ne Schande, wenn ich’s da nicht lassen könnte. Übrigens, bei euch war’s prima, Hella! Der Bauch tut mir noch weh vom Lachen.«

Montag nach dem 2. Advent

Die kleinen Detektive

Das Wetter ist bisher noch mild für Dezember. »Geht ein bißchen an die frische Luft«, hat Frau Wisselmann zu ihren Kindern gesagt, als sie mit den Schulaufgaben fertig sind. Die drei Wisselmännchen schlendern ziemlich lustlos den Eschenweg entlang.

»Wenn's nur endlich schneien tät!« seufzt Hartmut.

»Spazierengehen ist so langweilig«, mault Hanneli.

»Na, dann spielen wir eben was«, schlägt die tatenfrohe Große vor.

»Ja, was denn?« erkundigt sich Hartmut ein wenig mißtrauisch.

Hella denkt drei Augenblicke nach. Dann verkündet sie: »Wir spielen Detektiv.«

Hartmut traut der Sache immer noch nicht. »Ja, wie spielt man das denn?«

»Oh, ganz einfach«, erklärt die große Schwester. »Wir gehen jetzt den Eschenweg hinunter bis zu der belebten Kreuzung, wo er auf die Kallenberg-Straße stößt. Da ist doch solch ein Torbogen, ganz in der Nähe von Kaufmann Pfendsacks Spar-Geschäft. In diesen Torbogen stellen wir uns ganz unauffällig und beobachten die Vorübergehenden. Und sowie wir einen Verdächtigen entdeckt haben, schleichen wir vorsichtig hinter ihm her und spionieren aus, was er macht. Aber natürlich so, daß er's nicht merkt.«

Das hört sich nicht übel an. Also wird Hellas Vorschlag angenommen. Die Wisselmännchen beziehen Posten in dem Torbogen und richten ihr Augenmerk mit gespannter Aufmerksamkeit auf die Passanten.

»Kaufmann Pfendsack hat erst neulich gesagt, daß in der Weihnachtszeit besonders viel geklaut wird«, tuschelt Hella.

Nach einer Weile flüstert Hartmut: »Seht doch, wie schäbig er aussieht, der alte Mann dort mit dem Stock! Er hat eine ganz geflickte Hose an, und die Jackenärmel sind ausgefranst.«

»Ach, das ist doch bloß 'n armer Rentner, der ganz für sich allein haust dort irgendwo im Pappelweg«, weiß Hanneli zu berichten. »Schwester Dora hat uns mal von ihm erzählt, sie kümmert sich 'n bißchen um ihn.«

Hella schielt mißtrauisch zu einem langen Burschen hin, der jetzt den Eschenweg heruntergelatscht kommt. Er hat schulterlanges, wirres Haar und einen Bart und sieht ziemlich unappetitlich aus. – »Was hältst du von dem da?« zischelt sie ihrem Bruder zu.

»Der ist harmlos«, grinst Hartmut. »Bloß so 'n Angeber, so 'n richtiger ›Beat-Typ‹.« – Doch plötzlich wird Hartmut sehr aufmerksam und starrt mit gerunzelter Stirn einen Mann an, der soeben vorübergeht. Schnell gibt er seinen Geschwistern ein Zeichen, ihm vorsichtig zu folgen. Hella und Hanneli wundern sich, denn dieser Mann ist ganz ›anständig‹ und korrekt gekleidet. Trotzdem schließen sie sich ihrem Bruder ohne Widerrede an. Heimlich, still und leise wie die Mäuschen huschen sie hinter dem Verdächtigen her, der vor Kaufmann Pfendsacks Selbstbedienungsladen stehengeblieben ist.

Mit schiefen Blicken mustert der Fremde das Schaufenster, dann betritt er das Spargeschäft. Flink schlüpfen die kleinen Detektive hinterher. Scheinbar achtlos betrachtet der ›Verfolgte‹ die Regale, auf denen in langen Reihen allerlei Flaschen aufgestellt sind. Plötzlich greift er blitzschnell nach einer Flasche Whisky und läßt sie in seiner Tasche verschwinden. Zum Glück war der Laden voller Käufer. Ehe der Dieb den Ausgang gewinnen konnte, hatten die Kinder schon Herrn Pfendsack verständigt. Der stellte den Ladendieb und alarmierte die Polizei.

Hanneli fing an zu zittern, als die drei kleinen ›Detektive‹ aufgefordert wurden, mitzugehen zur Polizeistation. Es tat aber gar nicht weh. Die Kinder sollen nur ein paar Fragen beantworten. Der Polizeiinspektor zeigt ihnen ein Foto in einem großen Album.

»Das ist er!« erklärt er. »Ein langgesuchter Gewohnheitsverbrecher, schon mehrmals vorbestraft. Sogar das Hemd, das er anhat, ist gestohlen! Aber nun erzählt mir mal, wie ihr zu eurer Entdeckung gekommen seid!«

»Wir haben bloß mal Detektiv gespielt und die Passanten beobachtet«, berichtet Hella als die Älteste.

»Und was ist euch an diesem Burschen aufgefallen, daß ihr gerade den aufs Korn genommen habt?«

»Sein Gesicht!« platzt Hartmut heraus. »Er hatte so 'n schiefen Blick – gerade wie Jimmy, ein Junge, der mal in unserer Klasse war. Der konnte keinem offen in die Augen schauen. Und schließlich kam's heraus: er bestahl seine Mitschüler. Das hab ich nie vergessen, diesen Blick von Jimmy. Und geradeso hat dieser Mann geguckt.«

»Da willst du wohl später mal Meisterdetektiv werden?« lächelt der Polizeiinspektor und meint abschließend: »Jedenfalls habt ihr drei ein dickes Lob verdient.«

Kaufmann Pfendsack läßt es nicht bei einem Lob bewenden. Er schenkt jedem der kleinen Detektive eine Tafel Schokolade und zwei Beutel Bonbons. Dann sagt er zu Hartmut: »Solch einen patenten Jungen wie dich könnt' ich wohl gebrauchen jetzt vor Weihnachten. Willst du mir nicht manchmal helfen, wenn du Zeit hast? Waren austragen zum Beispiel oder Preisschildchen aufkleben . . . Natürlich gegen Bezahlung.«

Hartmut nickt eifrig. Jetzt vor Weihnachten kann schließlich jeder Geld gebrauchen. Das kommt ihm wie gerufen!

Ja, und am Abend werden bei Wisselmanns dann noch drei neue Adventssterne ans Sternenfenster geklebt, ein goldener, ein silberner und ein purpurroter!

Dienstag nach dem 2. Advent

Hartmuts Idee

Familie Wisselmann sitzt um den Mittagstisch. Der Vater äugt schon zum drittenmal hinüber zu seinem Sohn, der stumm und mit gekrauster Stirn in seinem Grünkohl herumstochert.

Endlich tut er seinen Mund auf und spricht: »Nanu, mein Sohn, worüber denkst denn du so angestrengt nach? Was in Hamburg die Butter kostet?«

»Nee«, brummt Hartmut, »das ist mir piepe. Die wird da auch nicht billiger sein als hier. Es ist bloß wegen Werner.« – Und wieder versinkt er in stummes Nachdenken.

»Erkläre dich bitte genauer, mein Sohn«, fordert ihn Lehrer Wisselmann auf. »Ich nehme an, daß dieser Werner ein Klassenkamerad von dir ist, ja?«

Hartmut bestätigt es mit einem Kopfnicken.

»Na, heraus mit der Sprache! Sei doch nicht immer so mundfaul! Was ist mit diesem Werner los?« – Der Vater fängt an, ein wenig ungeduldig zu werden.

Jetzt muß sich Hartmut wohl oder übel zu einer ausführlicheren Antwort bequemen: »Ist hingestürzt, dieser Pechvogel, und hat sich das Bein verletzt. Ein Muskelriß oder so was, nicht gefährlich, aber langwierig. Muß vorläufig im Bett bleiben und wird sich da schön langweilen. Nun hat Herr Schäfer – der doch unser Klassenlehrer ist – gesagt, daß wir ihn abwechselnd besuchen sollen. Und jeder soll ihm eine besondere Freude machen. Nicht unbedingt ein Geschenk, das viel Geld kostet, sondern was Eigenes und Originelles. Was Originelles! Na! Da fällt mir doch im Leben nichts ein.«

»Haben sich die andern aus deiner Klasse schon was ausgedacht?« fragt die praktische Frau Wisselmann.

»Na ja, der Ulrich will ihm was auf seiner Geige vorspielen. Der kann das. Aber ich! Ich kann ja nicht mal Flöte spielen. Peter, der feine Lederarbeiten herstellt, will ihm 'ne Buchhülle basteln und sie ihm zusammen mit einem spannenden Buch schenken. Marlotte, die beim Vorlese-Wettbewerb den zweiten Preis errungen hat, hat versprochen, ihm was Hübsches vorzulesen, und der lustige Jörg will ihm die drolligsten Geschichten aus der Schule erzählen. Manuel, der so gut zeichnen kann, will ihm ein ganzes Heft vollkritzeln mit komischen Karikaturen. Die musikalische Isolde möchte ihm was vorsingen, und Aurelie hat sogar verkündet, daß sie extra ein Gedicht für ihn zusammenreimen wird. Die hat nämlich so 'n Tick, wißt ihr . . .«

»Ich muß schon sagen, euer Werner ist beinahe zu beneiden – trotz seines kranken Beines«, schmunzelt Lehrer Wisselmann. »Soviel Aufmerksamkeit und Abwechslung und Freude hintereinander – diese Adventszeit wird ihm bestimmt unvergeßlich bleiben.«

»Ja, aber ich – ich weiß wirklich nichts!« stößt Hartmut verzweifelt hervor. Er ist ganz rot und hitzig geworden vor Kummer. »Ich kann doch überhaupt nichts, weder singen noch lustig erzählen, noch malen und erst recht nicht dichten, wie diese Ziege, die Aurelie. Was soll ich denn bloß tun? So helft mir doch!«

»Ich finde, du solltest jetzt erst mal in Ruhe deinen Grünkohl aufessen«, sagt die Mutter gelassen. »Und später machst du dich an deine Schulaufgaben. Die Adventsüberraschung für deinen kranken Kameraden läßt du vorerst links liegen. Die großen und wirklich guten Gedanken wachsen und reifen nämlich in der Stille. Ganz plötzlich, wenn du überhaupt nicht mehr dran denkst, wird dir dann etwas einfallen.«

Hartmut blickt seine Mutter zweifelnd an. »Mir nicht. Nee. Mir fällt nie was ein. Hab eben keine Phantasie. Der Hella, ja! Die hat hunderttausend Einfälle. Aber ich nicht. Nee. Da hilft alles nichts.«

»Alle gute Gabe kommt von Gott«, fährt Frau Wisselmann unbeirrt fort. »Also auch die guten Gedanken. Du darfst ihn darum bitten.«

Nun ist die Mahlzeit beendet und das Dankgebet gesprochen. Bevor Hartmut sich an seine Schularbeit macht, unterhält er sich erst noch ein Weilchen mit Adolar, dem leuchtend grünen Wellensittich, der ein von allen geliebtes Familienglied ist und schon ganz hübsch sprechen gelernt hat. »Mutti, Mutti, Mutti!« ruft er. »Adolar ist lieb. Lieb, lieb, lieb. Mutti! Mutti ist lieb! Eschenweg, Eschenweg. Adolar!«

Als Hartmut seine Schulaufgaben erledigt hat, tritt er ans Fenster. Das Kinderzimmer ist nach der Gartenseite hin gelegen. Außen am Fenster ist ein Vogelhäuschen befestigt. Es sieht sehr hübsch aus mit seinem roten Dach und den grünen Wänden. Hartmut hat es selber gebastelt. In solchen Dingen ist er geschickt. Jetzt im Winter streuen die Wisselmännchen ihren munteren gefiederten Freunden jeden Tag Hanfsamen, Sonnenblumenkerne und Haferflocken ins Vogelhäuschen. Es macht soviel Spaß, die Singvögel zu beobachten, die Kohlmeisen und die Blaumeisen, die Buchfinken und den Dompfaff. Stundenlang könnte man ihnen zuschauen . . .

Hartmut schiebt plötzlich seine Hände in die Hosentaschen und fängt an zu pfeifen. Sehr hübsch klingt das nicht, denn er ist nicht besonders musikalisch. Aber es zeigt an, daß er guter Laune ist. So steigt er hinunter in den Hobby-Raum im Keller. Dort hört man ihn bald eifrig sägen und hämmern.

Auch Herr Wisselmann vernimmt die Geräusche aus dem Hobby-Raum und will einmal nachsehen, was da vor sich geht. – »Darf man wissen, was du vorhast, mein Sohn?« erkundigt er sich vorsichtig. »Oder soll das eine Weihnachtsüberraschung geben? Vielleicht ein Fußbänkchen für die Mutti?«

Hartmut schüttelt den blonden Kopf mit dem widerspenstigen Haar. »Nein. Ein Vogelhäuschen.«

»Aber wir haben doch schon eines«, wundert sich der Vater.

»Ich mach's ja nicht für uns, sondern für Werner. Meinst du nicht, daß es ihm Freude bereiten wird, vom Bett aus die Vögel zu beobachten?«

Doch, das meint der Vater auch. Es ist eine großartige Idee. Hartmut hat einen neuen Stern verdient!

Mittwoch nach dem 2. Advent

Ein Stern für Adolar

Über Nacht ist der Wind umgeschlagen. Es bläst ein steifer Nordost, und es ist bitter kalt geworden. Hella sitzt im Kinderzimmer vor ein paar schwierigen Rechenaufgaben. Es ist gar nicht so richtig warm, denn der Raum liegt nach Norden, und bei solcher Kälte schafft es der Nachtstromspeicherofen im Kinderzimmer nicht.

Eben kommt Frau Wisselmann herein. Sie ist zum Ausgehen angezogen und erklärt: »Ich muß heute mit Hanneli zum Zahnarzt, sie hat zwei wacklige Zähne. Vater ist fort zu einer Besprechung, und Hartmut will Kaufmann Pfendsack helfen. Du bleibst also allein in der Wohnung, Hella.«

»Doch nicht allein!« lacht Hella. »Adolar ist doch noch da.«

»Ja gewiß, der ist da. Weißt du was? Setz dich am besten zu ihm in die Küche. Die liegt geschützt, da ist es viel wärmer. Ich habe gerade noch ordentlich eingeheizt. Dann und wann legst du ein Stück Holz nach. Ein paar Holzscheite lagern noch zum Trocknen im Backofen.«

Die Mutter und Hanneli verabschieden sich, und Hella begibt sich in die Küche. Ja, hier ist es gemütlich warm. Der alte Küchenherd, der im Sommer ein ziemlich unbeachtetes Dasein fristete neben dem modernen Elektroherd, kommt jetzt wieder zu Ehren. Er strömt eine herrliche Hitze aus. Hella setzt sich an den Küchentisch und vertieft sich wieder in ihre Rechenaufgaben. Adolar plappert in seinem Käfig vor sich hin: »Adolar ist lieb! Mutti, Mutti! Gib Küßchen! Eschenweg, Eschenweg.«

Der liebe, drollige Adolar! Hella möchte ein bißchen mit ihm spielen. Sie nimmt ihn aus seinem Bauer heraus, streichelt ihn und füttert ihn mit ein paar Hirsekörnern. Die mag er besonders gern. Ja, Hella muß sich unbedingt eine kleine Ruhepause gönnen, die Rechenaufgaben sind diesmal wirklich zu schwer. Eine Weile schaut sie Adolar belustigt zu, wie er auf dem Tisch herumhüpft und in der Küche umherflattert. Dann legt sie noch ein paar Holzscheite nach. Das brave alte Herdchen! Wie wärmt es doch so schön!

Aber nun hilft nichts mehr! Hella muß zu ihren Rechenaufgaben zurückkehren. Leider hat die ›Erholungspause‹ ihren Geist nicht genug erfrischt; noch immer kommt sie nicht klar damit. Was soll sie nur tun? Plötzlich hört sie, wie draußen die Haustür aufgeschlossen wird. Aha, da ist also Fräulein Hundertmark nach Hause gekommen. Sie hat eine gute Stellung auf der Bank und kann sehr gut rechnen. Die ›Wisselmännchen‹ nennen Frau Hundertmark ›Tante Hundertmark‹ und ihre Tochter ›Tante Irma‹.

Auf einmal durchfährt Hella wie ein Blitz die rettende Idee: sie wird schnell einmal hinüberlaufen zu Tante Irma. Sie hat ihr schon öfter geholfen bei den Rechenaufgaben. Da wird sie Hella auch diesmal bestimmt nicht in der Tinte stecken lassen!

Gesagt, getan! Das Rechenheft unter dem Arm, den Füller in der Hand, so huscht Hella über den Flur, nachdem sie Adolar noch einen Abschiedsgruß zugewinkt hat.

Tante Irma ist so nett und hilfsbereit wie immer. Sie setzt

sich mit Hella ins Wohnzimmer, und ein blonder und ein braunhaariger Kopf beugen sich gemeinsam über das Rechenheft. Bald ist Tante Irma der richtigen Lösung auf der Spur und erklärt Hella nun, wie sie die Sache anpacken muß. Hella hört aufmerksam zu und nickt dann und wann eifrig mit dem Kopf.

Dann fährt sie erschrocken auf. Nanu? Was war denn das? Hatte sie nicht eben einen krächzenden Laut gehört? Da, da war es wieder! Das mußte Adolar sein, der aus der Küche durch die offene Tür in den Korridor geflogen war und dort Krach machte. Er schien schrecklich aufgeregt zu sein.

Jetzt wird auch Tante Irma aufmerksam. »Ist das euer Wellensittich? Was fehlt dem denn? Was macht denn der für einen Lärm? Es kann doch nichts bei euch passiert sein? Komm, Hella, wir gehen lieber gleich mal nachsehen!«

Adolar macht wirklich einen fürchterlichen Krach. Was er nur haben mag? Zitternd folgt Hella Tante Irma, die mutig die Wohnungstür öffnet. Ja, da flattert Adolar wie wild umher und krächzt laut. Du liebe Zeit! Was ist denn hier los? Es riecht stark nach Rauch, und dieser Rauch quillt aus der Küche.

»Da stimmt was nicht!« ruft die energische Tante Irma, stürzt an Hella vorbei in die Küche und reißt zuerst mal das Fenster auf. Tatsächlich, es ist der alte Küchenherd, der so raucht. Ein Holzscheit im Backofen hat sich von der ungewöhnlichen Hitze entzündet und schwelt und qualmt nun fürchterlich. Tante Irma greift flink zum Feuerhaken, reißt das Holzscheit heraus und läßt es in einen Wassereimer plumpsen. Da zischt es noch einmal tüchtig; dann lichtet sich der Rauch allmählich.

Fräulein Hundertmark seufzt erleichtert auf, schließt die Herdklappe und mildert dadurch die Glut des Herdes.

Jetzt wendet sie sich an Hella. »Das hätte gefährlich werden können. Der Herd ist überheizt gewesen. Ich nehme jetzt sicherheitshalber alle restlichen Holzstücke aus dem Backofen. Ihr solltet sie lieber nicht dort trocknen – vor allem nicht an einem so kalten Tag, wo man mehr heizt als gewöhnlich. Hätte dein treuer Vogel dich nicht gewarnt, so hätte es bald lichterloh gebrannt in eurer Küche.«

Ja, der gute Adolar! Er war noch immer ein bißchen aufgeregt. Hella setzt ihn in sein Bauer und stellt es dann ins Wohnzimmer. In der Küche riecht es noch nach Rauch. Bald darauf verabschiedet sich Tante Irma. Es ist ja nun keine Gefahr mehr vorhanden. Und den Rest der Rechenaufgaben kann Hella bestimmt allein lösen.

Als die übrige Familie nach Hause kommt, erschrickt sie nicht wenig, als sie von der drohenden Gefahr und von Adolars Rettungstat hört.

»Eigentlich hat Adolar heute einen Stern verdient«, meint Hanneli, und die Mutter fügt hinzu: »Gottes Engel sind manchmal merkwürdig – die können sogar grüne Flügel haben!«

Donnerstag nach dem 2. Advent

Der erste Schnee

Als Hanneli aufwacht, fühlt sie es deutlich: irgend etwas muß in der Nacht geschehen sein, irgend etwas Herrliches! Sie dehnt und reckt sich wohlig, sie steckt den Kopf ganz heraus und dann die Beine. Husch – husch – flitzt sie über den Teppich hin zum Fenster. Vorsichtig schiebt sie den dicken Vorhang ein wenig beiseite. Wirklich: ganz leise ist es über Nacht gekommen, das ersehnte Wunder. Es schneit!

Fast andächtig beobachtet Hanneli die weißen Flöckchen, die langsam zur Erde schweben. Ja, nun wird die ganze Welt erst richtig weihnachtlich! Hanneli kann sich gar nicht losreißen vom Anblick der tanzenden Flocken. »Wie schön!« flüstert sie glückselig, »ach, wie schön!« Und dann denkt sie an den prächtigen, großen Rodelschlitten im Keller, den die Wisselmännchen ›Fliegenden Holländer‹ getauft haben.

Plötzlich dreht sie sich mit einem Ruck um und ruft lebhaft in die dunkle, stille Tiefe des Zimmers hinein: »He, wie lange wollt ihr heut noch schlafen, ihr Großen? Ha, wenn ihr wüßtet, was ich weiß!«

»Na, das wird schon grad was sein!« murmelt Hella schlaftrunken und gähnt herzhaft.

»Behalt's nur ruhig für dich«, knurrt Hartmut und verkriecht sich noch tiefer unter seiner Bettdecke. »Wenn du mich in Ruhe läßt, kann ich bestimmt noch zehn Minuten Schlaf genießen, ehe Mutti ruft.«

»Ja, schlaf du nur, du Schlafmütze, schlaf du nur den ganzen Tag«, lacht Hanneli. Sie ist richtig übermütig geworden vor Freude! »Dann nehm' ich alleine den Fliegenden Holländer, dann fahr' ich ganz alleine mit ihm los. Es hat nämlich geschneit, damit ihr's nur wißt! Es schneit, es schneit, es schneit!«

»Von dir, du Kleinchen, laß ich mich doch nicht an der Nase herumführen!« brummt Hartmut noch ärgerlicher. »Schnee! Daß ich nicht lache! Bei uns schneit's doch fast nie vor Weihnachten, sondern gewöhnlich erst nach Neujahr. Nein, mit solchem Schwindel lockst du mich noch lange nicht aus meinem schönen, warmen Bett.«

Hanneli erwidert gar nichts mehr, sie zieht nur schweigend den dicken Vorhang ganz auseinander, dann packt sie ihr Kleiderbündel und verschwindet im Badezimmer. Wer mag da schon noch länger im Bett liegen – an einem solchen Tag?

Jetzt wagt Hartmut doch einen halben Blick nach der Richtung des Fensters hin. Nanu! Wieso schimmert da alles so hell? Sollte Hanneli doch recht gehabt haben?

Mit einem kühnen Satz springt Hartmut aus dem Bett und stürzt ans Fenster: er muß Gewißheit haben! Bald hüpft er vor Freude auf einem Bein durchs Kinderzimmer. Schnee! Schnee! Der erste Schnee! Es kommt ihm bloß ein bißchen merkwürdig vor, daß Hella gar nichts dazu sagt. Die liegt noch immer in ihrem Bett und rührt sich nicht. Dabei liebt sie den ›Fliegenden Holländer‹ bestimmt nicht weniger als ihre Geschwister. Komisch!

Lehrer Wisselmann ist nicht ganz so entzückt wie seine beiden jüngeren Kinder. Er denkt natürlich daran, daß sich die Straßenverhältnisse jetzt verschlechtern und daß der Bürgersteig frei geschaufelt werden muß. Doch die Begeisterung seiner Kinder kann er gut verstehen und lächelt ihnen zu. »Ihr müßt diesen Tag ausnützen«, sagt er. »Wer weiß, wie lange die weiße Pracht halten wird! Im Radio haben sie gemeldet, daß milde Meeresluft im Anzug sei. Da wird dann wohl bald Tauwetter einsetzen. Beeilt euch also heute ein bißchen mit den Schulaufgaben! Und dann zieht los mit eurem Fliegenden Holländer. Zum Skilaufen reicht die Schneedecke noch nicht, aber rodeln – das wird gehen.«

Hanneli und Hartmut nicken eifrig; nur Hella verzieht keine Miene, sondern knabbert unberührt an ihren Corn-Flakes herum.

»Fehlt dir etwas, Hella?« erkundigt sich Frau Wisselmann. »Sonst bist du doch immer die erste beim Pläneschmieden! Hast du dich gestern zu sehr erschreckt, als es in der Küche so gequalmt hat?«

»Nein«, quetscht Hella hervor. »Es ist nur – es ist nur – weil wir doch morgen eine Rechenarbeit schreiben.«

»Aha«, nickt Lehrer Wisselmann. »Und da willst du heute nachmittag fleißig üben. Hast du die Aufgaben von gestern nicht verstanden?«

»O doch, Vati. Tante Irma hat mir alles erklärt. Aber sie waren wirklich schwer. Und da ist ein Mädchen in unserer Klasse, die heißt Gudrun Winter und wohnt im Birkenweg. Sie ist erst vor kurzem zu uns gekommen und versteht diese Rechenaufgaben noch nicht. Da hatte ich ihr versprochen, heute mit ihr zu üben.«

»Ja, aber nun hat es geschneit«, fällt Hanneli ein, »da geht es eben nicht, da übst du halt ein andermal mit ihr.«

»Ein andermal!« Hella schreit es fast. »Wo wir doch morgen die Arbeit schreiben! Und ich hab' es ihr nun mal versprochen. Da kann man nichts machen.« – Hella seufzt schwer. Insgeheim hat sie sich vorgenommen, diese so merkwürdig stille und etwas schüchterne Gudrun eines Tages für den Mädchenkreis zu werben. Und wenn man solche Absichten hegt und gern ein kleiner ›Menschenfischer‹ sein möchte – ja, da geht es ohne Opfer nicht ab. –

Als Hartmut und Hanneli am Nachmittag mit dem Fliegenden Holländer losziehen, sitzen Hella und Gudrun drinnen im Kinderzimmer und büffeln und rechnen, bis ihnen fast die Köpfe rauchen. Als sie fertig sind, ist es schon dunkel. An eine Schlittenfahrt ist nun nicht mehr zu denken. Dafür spielen sie noch ein bißchen mit Adolar. Der hat den Schreck von gestern schon vergessen und plappert wieder munter: »Mutti, Mutti! Mutti ist lieb. Gib Küßchen! Eschenweg, Eschenweg. Adolar ist lieb!«

Da sieht Hella zum ersten Mal ein Lächeln auf Gudruns blassem, ernstem Gesicht. Hella begleitet die Klassenkameradin dann noch in den Birkenweg. Frau Winter lädt sie für den dritten Adventssonntag zum Kaffee ein. – Auf dem Heimweg merkt Hella, daß es sich aufgeklärt hat. Der Schnee wird liegen bleiben. Und es kommt wieder ein goldener Stern ans Sternenfenster.

Freitag nach dem 2. Advent

Ein Geschenk für Onkel Paul

Hella thront auf dem Tisch im Kinderzimmer. In der Linken schwenkt sie einen großen Block und in der Rechten einen langen Bleistift. »Hallo«, ruft sie ihren Geschwistern zu, »jetzt wird es aber Zeit, jetzt müssen wir unsere Weihnachtsliste fertigmachen. O du großer Bimbam, sie wird jedes Jahr länger! Was soll das bloß noch geben! Na, mal ran! Frisch gewagt ist halb gewonnen, sagt Fräulein Engelhorn immer im Mädchenkreis. – Mutti hat gesagt, daß sie morgen das Paket für Tante Margret packen will. Jeder von uns soll was beisteuern. Tante Margret ist ja Witwe und hat vier Kinder. Was wollt ihr geben? Ich schenke die Bonbons von Kaufmann Pfendsack und die Pralinen, die wir am 1. Advent von Mutti bekamen.«

»Was? Die hast du noch?« staunt Hartmut. »Und ich hab sogar meinen ›Adventskalender‹ schon beinahe aufgefuttert!«

»Man soll nicht soviel Süßes essen«, belehrt ihn Hella von der Höhe des Tisches herab. »Man muß an seine Zähne denken und an die schlanke Linie!« – Ach ja, manchmal wirft Hella einen neidischen Blick auf ihre Freundin Annelore, die viel schmäler und zarter ist als ihre stämmige Kameradin.

»Ich stifte ein gut erhaltenes Puzzle-Spiel«, verkündet Hartmut, und Hanneli verspricht zwei Bilderbücher für Tante Margrets Kinder.

Hella vermerkt alles auf ihrer Liste und fährt dann fort:

»Wir brauchen aber noch verschiedene kleine Geschenke, zum Beispiel für unsere Hauswirtinnen, für Frau Gramlich und Familie Röder . . . Leider ist meine Kasse leer. Aber ich hab noch ein paar Taschentücher, die ich umhäkeln könnte. Was könntet ihr denn tun?«

»Ich kann Bast-Untersetzer machen, das haben wir in der Kinderstunde gelernt«, erklärt Hanneli eifrig.

Hartmut räuspert sich. »Hm – na ja – oh – ja, ich hab noch 'n bißchen Sperrholz unten im Keller. Daraus könnte ich hübsche Frühstücksbrettchen sägen.«

»Prima«, nickt Hella und notiert alles auf ihrer Liste. »Gudrun Winter würde ich auch gern was schenken . . . Wenn ich nur wüßte . . . Ach ja! Ich nehme das Tierbuch, das Tante Hundertmark mir zum vorigen Weihnachtsfest geschenkt hat. Ich hab's zweimal gelesen, doch es sieht noch wie neu aus. – Und wie steht's mit deinem Patenonkel, Hartmut? Was soll der kriegen?«

»Ich kauf' ihm ein Buch mit Geschichten aus Ostpreußen. Da stammt er doch her, da hat er früher mal ein Gut gehabt.«

»Fein!« lobt Hella. »Ja, du kannst das, du bist ja unser ›Kapitalist‹, weil du dir was verdienst bei Kaufmann Pfendsack. – Nun kommen wir zu Onkel Paul. Ihr wißt ja, daß er bald wieder Geburtstag hat. Wir besuchen ihn dann im Altersheim und schenken ihm etwas, das gilt gleich für Weihnachten mit. Jetzt helft mal überlegen, was wir nehmen könnten.«

»Süßigkeiten darf er nicht essen, der Ärmste«, erinnert sich Hartmut und trieft vor Mitgefühl. »Ich glaube, er ist ein wenig zuckerkrank.«

»Wie wär's mit einem Frühstücksbrettchen?« schlägt Hanneli vor.

»Braucht er nicht, er hat ja volle Verpflegung dort im Altersheim«, klärt der Bruder sie auf.

»Einen Untersetzer braucht er dann erst recht nicht«, seufzt Hanneli.

»Ja, es ist schwierig«, bestätigt Hella. »Blumen sind um diese Jahreszeit sehr teuer. Rauchen tut Onkel Paul nicht, und aus Wein macht er sich auch nicht viel. Nein, es muß etwas anderes sein. Äußerlich leidet er ja keine Not. Doch er wird sich oft recht einsam fühlen – meint ihr nicht? Wir müssen ein Geschenk auswählen, das ihn richtig fröhlich macht.«

»Vielleicht ein Knallbonbon«, murmelt Hanneli.

»Aber nein!« protestiert die große Schwester. »Solch ein Ding würde ihn ja bloß erschrecken. Jetzt seid mal ganz still und denkt scharf nach!«

Es wird so still im Kinderzimmer, daß man eine Stecknadel fallen hören könnte. Und die drei Wisselmännchen denken so angestrengt nach, daß die Luft ordentlich knistert! Die Jüngste ist es dann, die zuerst eine Idee kriegt.

»Ich hab's!« ruft Hanneli aufgeregt. »Wir singen ihm ein Adventslied, bringen ihm ein kleines Ständchen zum Geburtstag. Das wird ihn bestimmt freuen. Mit Schwester Dora und den Kindern von der Kinderstunde gehen wir auch rum und singen Adventslieder bei den alten, einsamen Leuten. Neulich waren wir bei Opa Magersuppe. Das ist der alte Rentner, der ganz allein ist und im Pappelweg wohnt. Wie der sich gefreut hat! Du könntest Flöte spielen, Hella, und wir andern singen.«

Hella und Hartmut finden den Gedanken nicht übel. Ein schönes, trostreiches Lied hören die Alten immer gern. Hartmut ist zwar kein hervorragender Sänger, doch mit Flötenbegleitung wagt er es. Und welches Lied soll ausgewählt werden? Hartmut schlägt vor ›Es kommt ein Schiff geladen‹; das mag er besonders gern. Hella findet ›Wie soll ich dich empfangen‹ passender für Onkel Paul. Beinahe geraten sich die lieben Geschwister darüber in die Haare.

Angstvoll klettert Hanneli auf einen Schemel und holt schnell den Weihnachtszweig herunter, mit dem sie sich zwischen die streitenden Geschwister stellt. Es hilft sofort! Beschämt klappt Hella ihren Mund zu, und auch Hartmut verstummt. Nach einer Pause sagt Hella dann ganz ruhig und lächelt dabei: »Wie dumm wir sind! Uns deswegen zu zanken! Wir singen einfach beide Lieder. Vielleicht weißt du auch noch eines, Hanneli? Denn aller guten Dinge sind bekanntlich drei!«

Ja. Hanneli möchte am liebsten singen ›Macht hoch die Tür‹. Da sich die drei Wisselmännchen nun einig sind, können sie ihren extra-prima Geschenkvorschlag für Onkel Paul der Mutter unterbreiten. Frau Wisselmann gefällt dieser Gedanke sehr. Sie klebt gleich drei Sterne ans Sternenfenster: einen goldenen, einen silbernen und einen purpurroten.

Die Pralinen

An diesem Samstagnachmittag sind die Wisselmännchen rodeln gewesen, und es war ganz herrlich. Sie haben schöne rote Backen bekommen und sind voll getankt mit frischer Winterluft. Leider wird es jetzt schon so früh dunkel, und da müssen sie nach Hause. Hanneli setzt sich in Vaters Arbeitszimmer und macht bunte Bast-Untersätze. Hartmut geht in den Keller und sägt Frühstücksbrettchen aus. Hella hockt an ihrem Arbeitstisch im Kinderzimmer. Sie muß noch einen Aufsatz schreiben für Erdkunde. Den hatte sie schon am Donnerstag aufbekommen. Bis Montag muß er fertig sein. Es ist also höchste Zeit, sich dranzumachen. Langsam schlägt Hella ihr Heft auf. Zuerst mal die Überschrift: »Die Wüste und ihre Bewohner«. Wüste – puh – wie langweilig das klingt! Geradeso blendend und so kahl wie diese leere Heftseite vor ihr. Es macht überhaupt keinen Spaß, darüber nachzudenken. Diese Mengen von Sand und Felsen, die glühende Hitze, der erbarmungslose Himmel, kein Tropfen Wasser weit und breit – und erst recht kein wirbelndes, tanzendes Schneeflöckchen! – nicht mal ein grünender Baum oder ein kleiner Strauch in der Nähe, sondern nur das Bild einer Fata Morgana vor den ermüdeten Augen . . .

Hella hing die ganze trostlose Wüste schon zum Halse raus, und sie hielt eifrig Ausschau nach einer ›Fata Morgana‹«! Aha, da lag tatsächlich etwas Erfreuliches auf ihrem Tisch: zwei Beutel mit Bonbons und einer mit Pralinen. Heute abend wollte die Mutter ja das Paket für Tante Margret packen. Deshalb hatte Hella schon die Süßigkeiten dafür bereitgelegt.

Hellas eines Auge schielt immerfort hinüber zu den Lekkereien. Aus Bonbons macht sie sich nicht viel, aber die Pralinen . . . Sie sind so hübsch in Silber- und Goldpapier eingewickelt, das leuchtet durch den Cellophan-Beutel hindurch. Die klare, kalte Winterluft hat Hella hungrig gemacht, und sie verspürt plötzlich große Lust auf etwas Süßes. Diese Pralinen sind zwar für Tante Margret und ihre Kinder bestimmt, doch eine einzige – eine einzige könnte man doch schließlich kosten – bloß um zu wissen, wie das Zeug schmeckt, natürlich.

Hella streckt ihre Hand aus nach dem Beutelchen und öffnet es ganz vorsichtig. Sehr langsam holt sie sich eine Praline heraus und schiebt sie sich in den Mund. Sie ist mit Fruchtcreme gefüllt. Aaah – schmeckt das köstlich!

Und diese längliche Praline dort? Ob das vielleicht Marzipan . . .? Aber das – diese hellere Praline, die war gewiß aus Nougat. Hm – wundervoll! Und hier – ob das Haselnüsse sein mochten oder Mandelsplitter? Welch ein unbeschreibliches Glück, daß man sich nicht etwa in der Wüste befindet, elend dem Hungertode und dem Durst preisgegeben, sondern in einem gemütlichen Zimmer vor einem Beutelchen feinster Pralinen.

O Schrecken! Heftiger hätte Hella nicht zusammenzucken können, wenn sie in der Wüste von einem Sandsturm überrascht worden wäre, so jäh erwachte sie aus ihrem ›Schlecker-Rausch‹, als in dem Beutel in ihrer Hand nur noch zwei einsame Pralinen übrig waren. Die konnte sie jetzt ruhig auch noch auffuttern . . .

Mit einem schweren Seufzer wandte sich Hella wieder ihrer Wüste zu. Der mußte ja nun gelingen, ihr Aufsatz, denn in ihr war alles wüst und leer – wie sich das für eine Wüste gehört!

Später geht Hella zum Sternenfenster und löst einen goldenen Stern ab. »Ich hab heut was verpatzt«, erklärt sie den verwunderten Geschwistern, »ich hab die ganzen Pralinen aufgeschleckt, die doch für Tante Margret bestimmt waren.«

Hartmut schüttelt den Kopf. »Das ist doch nicht schlimm. Sie gehörten ja dir. Weshalb solltest du sie nicht vernaschen?«

»Ein ganzer Beutel voll – das ist schlimm!« beharrt Hella, und die Mutter sagt: »Hella muß nach ihrem eigenen Gewissen handeln.« Und dieses Gewissen – ja, das klagt Hella an.

Der dritte Advent

Nun ist also schon der dritte Advent herangerückt. Da wandert Hella am Nachmittag in die Birkenstraße, denn sie ist ja zu Winters eingeladen. Auf dem ganzen Weg denkt sie unaufhörlich über Gudrun nach, und warum dieses schmale, blasse Mädchen mit dem glatten, dunklen Haar und den ernsten, dunklen Augen wohl so merkwürdig ist. Während des Unterrichts sitzt sie meistens da und sagt kein Wort. Ruft der Lehrer sie mal auf, so zuckt sie zusammen, erhebt sich zögernd, steht wie verloren da und bringt oft keinen Ton heraus. In den Pausen drückt sie sich stumm in den Ecken des Schulhofes herum und guckt Löcher in die Luft. Zu Anfang hat Hella gedacht, Gudrun sei nur schüchtern und fühle sich noch fremd. Deshalb hat sie ja angefangen, sich ein bißchen um das neue Mädchen zu kümmern. Aber es hat nicht viel geholfen. Gudrun ist freundlich und höflich und bedankt sich immer, wenn man ihr hilft. Doch man wird nie richtig warm mit ihr. Sie bleibt irgendwie rätselhaft.

Sie macht auch nie mit, wenn die andern scherzen und kichern. Nur ein einziges Mal hat Hella sie bisher lächeln sehen: das war, als sie beide vor Adolars Bauer standen und ihm zuhörten, wie er so lustig schwatzte. Es scheint fast so, als ob Gudrun Tiere mag . . .

Aha, hier ist das Haus, hier wohnen Winters. Eigentlich ein hübsches und ziemlich neues Haus, mit einem entzükkenden Vorgarten. Müßte man denn nicht vergnügt sein, wenn man in einem solchen Hause wohnt? Was mag nur los sein mit Gudrun? Vielleicht stimmt etwas nicht mit ihren Eltern? Vielleicht trinkt der Vater – nein, nein, das wäre zu schrecklich. Oder die Eltern verstehen sich nicht und wollen sich scheiden lassen – oh, bloß nicht! Ach, es gibt soviel Trauriges auf der Welt!

Frau Winter ist auf jeden Fall sehr nett und freundlich. Sie führt Hella gleich an den gedeckten Kaffeetisch. Hella findet es riesig gemütlich in Winters großem Wohnzimmer. Die drei dicken roten Kerzen am Adventskranz sind angesteckt. Auf dem breiten marmornen Fensterbrett steht ein üppig blühender Weihnachtskaktus neben einem roten Weihnachtsstern. In einer Bodenvase duften ein paar wundervolle Zweige von einer Blautanne. Vor jedem Gedeck am Kaffeetisch steht ein kleiner geschnitzter Weihnachtsengel mit einer winzigen brennenden Kerze. Frau Winter hat ›Husarenkrapfen‹ gebacken; die sind außen mit Mandeln gespickt und innen mit Marmelade gefüllt. Hella findet sie sehr lecker.

Aber schließlich kann sie bei bestem Willen nichts mehr unterbringen in ihrem Magen, auch keine Makrone mehr und nicht mal ein Anisplätzchen. Da sagt Frau Winter zu Gudrun, die wieder ziemlich stumm dagesessen hat auf ihrem Platz: »Möchtest du wohl so gut sein und den Tisch abräumen, Gudrun?«

Hella springt sofort auf, um ihrer Klassenkameradin zu helfen. Doch Frau Winter winkt ab. »Nein, nein, laß nur. Gudrun macht das schon. Ich möchte so gern, daß du mir noch ein wenig von der Schule erzählst, von euren Lehrern und von eurer Klasse.«

Nun merkt Hella, daß Frau Winter mit ihr allein reden will. Sie nickt und setzt sich wieder brav an ihren Platz, während Gudrun das Geschirr vorsichtig auf einen Teewagen stellt und diesen dann hinausschiebt.

Kaum hat das Mädchen die Tür hinter sich geschlossen, da sagt Frau Winter hastig: »Ich bin so froh, daß du heute gekommen bist, Hella. Und ich bin so dankbar, daß du dich ein wenig um Gudrun kümmerst in der Schule. Sicher ist es dir schon aufgefallen, wie anders sie ist – so still – und so ernst . . .«

»Ja, so sonderbar«, fällt Hella schnell ein und blickt Frau Winter aufmerksam an. Ob sie jetzt erfahren wird, was eigentlich mit Gudrun los ist?

»Siehst du«, fährt Frau Winter fort, »Gudrun ist gar nicht unser eigenes Kind, sondern eine entfernte Verwandte. Ihr Vater war ein Vetter zweiten Grades von meinem Mann. Bei einem Sonntagsausflug verunglückte die Familie mit dem Auto. Gudruns Eltern, die vorne gesessen hatten, waren beide tot. Gudrun selber war nicht so schwer verletzt worden auf dem Rücksitz. Doch sie konnte sich nicht selber aus den Trümmern des Wagens befreien. Es dauerte eine ganze Weile, ehe Hilfe kam. Das arme Kind erlitt begreiflicherweise einen schweren Schock. Die Ärzte sagen, es würde wohl noch eine Zeit vergehen, ehe Gudrun ihn eines Tages völlig überwunden hat. Nachdem wir von dem Unglück gehört hatten, beschlossen wir, unsere kleine Verwandte bei uns aufzunehmen. Wir selber haben leider keine Kinder und hatten uns schon längst ein Töchterchen gewünscht.« – Frau Winter machte eine Pause und seufzte. »Manchmal ist es schwer, denn sie kann und kann es scheinbar nicht überwinden. Aber man muß Geduld haben. Viel Geduld und viel Liebe – das würde mit der Zeit den Schaden in ihrem Gemüt wieder heilen, sagen die Ärzte. Und nun möchte ich dich gerne etwas fragen, Hella. Hast du eine Ahnung, womit wir Gudrun zu Weihnachten eine Freude machen könnten?«

Hella überlegt angestrengt. Dann leuchtet ihr Gesicht auf.

»Oh! Ich weiß etwas. Ich glaube, sie mag Tiere. Unser Wellensittich Adolar hat ihr so gut gefallen. Als wir bei ihm standen, habe ich sie zum ersten Mal lächeln sehen. – Ja, und dann, Frau Winter – darf Gudrun mitkommen in den Mädchenkreis? Jetzt üben wir ja gerade für unser Krippenspiel, aber vielleicht im neuen Jahr?«

Frau Winter gibt gerne ihre Zustimmung, und sie bedankt sich herzlich für den ›Geschenk-Tip‹. Jetzt kommt Gudrun wieder herein. Frau Winter legt ein paar schöne Weihnachts-Schallplatten auf. Später zeigt Gudrun ihrer neuen Freundin noch ihr Zimmer. »Ein eigenes Zimmer zu haben – oh, das muß herrlich sein!« denkt Hella. Aber sie ist nicht neidisch – nein, nicht auf die arme Gudrun.

Sehr nachdenklich geht sie nach Hause. Und beim Abendessen in ›Haus Tannengrün‹ erzählt sie Gudruns traurige Geschichte. »Du hast aufgepaßt und ein Geschenk für sie gewußt, du hast einen Stern verdient«, behaupten die Geschwister und kleben einen Goldstern ans Fenster.

Montag nach dem 3. Advent

Die roten Handschuhe

Hanneli ist ganz allein in der Wohnung. Der Vater und die Geschwister sind in der Schule; die Mutter ist Milch holen gegangen. Und Hanneli – warum ist die nicht in der Schule? Ei, die hat es heute gut! Frau Berthold, ihre Lehrerin, will mit ihrer Klasse einen Schlittenausflug machen. Es hat noch einmal geschneit inzwischen – aber wer weiß, wie lange die weiße Pracht noch liegenbleibt!

Um 9 Uhr wollen sich die Ausflügler am Mühlentor treffen. Hanneli zieht sich schön warm an: Ski-Hosen, Sokken und Stiefel, ein Pullover und den gefütterten Anorak mit Kapuze. Die ›Marschverpflegung‹ hat Hanneli schon in ihrer Umhängetasche verstaut. Nun fehlen nur noch die Fausthandschuhe – und der ›Fliegende Holländer‹, natürlich!

Als Hanneli die Handschuhe überstreifen will, entdeckt sie zu ihrem Entsetzen, daß der rechte Daumen ein großes Loch aufweist. Was tun? Zum Stopfen ist es zu spät. In den dünnen Fingerhandschuhen würde sie kalte Hände bekommen. Da fällt ihr Blick wie von ungefähr auf ein paar wunderhübsche rote Fausthandschuhe mit Stulpen, die auf dem Dielentisch liegen. Hanneli kennt sie, sie gehören Hella. Die große Schwester hat sie selbst gestrickt und ist nicht wenig stolz darauf. Ob Hella etwas dagegen hätte, wenn Hanneli sich mal ihre roten Handschuhe ausleihen würde für den Schlittenausflug? Bestimmt nicht! Hella ist ja großmütig. Sie wird schon einverstanden sein – auch wenn man sie jetzt nicht fragen kann. Den Handschuhen soll gewiß kein Leid geschehen, Hanneli wird gut achtgeben. –

Unter Lachen und Schwatzen setzt sich die lange ›Schlittenkarawane‹ in Bewegung. Neben Hanneli her läuft ein zierliches schwarzhaariges Mädchen, das ein drolliges Deutsch plappert. Es ist Hannelis Klassenkameradin Elena, ein italienisches Gastarbeiterkind. Elena besitzt keinen Schlitten, und deshalb hat Hanneli ihr versprochen, daß sie auf dem Fliegenden Holländer mitfahren darf.

Endlich hat die zweite Klasse den Hügel erklommen, der ganz in der Nähe des Ausflugslokals ›Tannenhäuschen‹ liegt. Nun kann die sausende Abfahrt beginnen. Elenas schwarze Augen blitzen. Diese ihre erste Schlittenfahrt ist ein großes Erlebnis für sie. Geschickt steuert Hanneli den großen Schlitten.

Das Hinabsausen ist ein herrliches Vergnügen. Bloß das ›Wieder-hinauf-Kraxeln‹ strengt etwas an. So haben die Kinder nichts dagegen, als die Lehrerin sie zur ›Frühstückspause‹ ins ›Tannenhäuschen‹ ruft. Das Lokal hat eine gemütliche Gaststube mit langen hölzernen Tischen, schweren Bauernstühlen und einem mächtigen Ofen in der Ecke, der eine herrliche Hitze ausstrahlt.

Karin entdeckt eine Stange an seiner Seite und ruft: »Seht mal hier diese Stange! Wie geschaffen zum Trocknen nasser Handschuhe!« – Das findet Hanneli auch und hängt Hellas schöne rote Stulpenhandschuhe neben Karins graue wollene Fingerhandschuhe.

Die behäbige Wirtin stellt eben eine Riesenkanne mit dampfender Schokolade auf den Tisch. Vergnügt wickeln die Kinder ihre Frühstücksbrote aus. Plötzlich kraust Frau Berthold die Nase und ruft: »Halt, Kinder, was riecht denn hier so brenzlig? Es hat doch wohl niemand von euch seine nassen Wollhandschuhe neben den glühenden Ofen gehängt? Das darf man nie tun, sonst werden sie leicht angesengt.«

Karin ist aufgesprungen und reißt ihre Handschuhe von der Stange. Hanneli folgt ihr auf dem Fuß. Gottlob, dieser rote Handschuh ist unversehrt, doch der andre – ja, den hat's erwischt. Entsetzt betrachtet Hanneli den braunen, versengten Fleck innen auf der Handfläche. Oh! Oh! was wird Hella sagen! Ihr ganzer Stolz – die schönen, selbstgestrickten roten Stulpenhandschuhe!

Da fühlt sich Hanneli leicht am Arm berührt. »Handschuh kaputt?« fragt Elena mitfühlend. Hanneli zeigt ihr den Schaden und erklärt ihr mit versagender Stimme, daß die Unglücksdinger ja nicht ihr gehören, sondern ihrer großen Schwester Hella. Es tut gut, darüber zu sprechen – wenn Elena ihr auch nicht helfen kann.

»Noch bißchen rote Wolle zu Haus?« erkundigt sich Elena eifrig.

»Ich glaub schon«, meint Hanneli verzagt.

»Dann du nicht mehr traurig, Hanneli. Mach ich wieder heil. Geht leicht. Schere nehmen – Stückchen rausschneiden – neu stricken. Mach ich für dich. Wir sagen es deiner Schwester. Du nicht mehr traurig. Komm, Hanneli!«

Noch einmal eilen die Kinder hinaus zur Rodelbahn. Jetzt, wo sie schon glatt und eingefahren ist, geht es noch besser. Alle bedauern es, als Frau Berthold zum Aufbruch und zur Heimkehr ruft.

Hanneli ist schweigsam auf dem Heimweg. Sie weiß ja nicht, welchen Empfang ihr Hella bereiten wird! Elena weicht nicht von ihrer Seite, sondern begleitet sie bis nach Hause.

Hannelis Stimme zittert, als sie der großen Schwester bekennt: »Ich hab mir deine roten Handschuhe ausgeliehen, und ich hab sie zu nahe an den heißen Ofen gehängt. Da sind sie leider angesengt worden. Bitte, verzeih mir!«

Hella runzelt die Stirn, und ihre blauen Augen blitzen auf. Doch noch ehe sie ihren Mund auftun kann, fragt Elena rasch: »Du noch rote Wolle? Dann gib her, bitte. Strick ich neu. Mach ich wieder ganz. Kann ich gut.«

Eigentlich hatte Hella tüchtig schimpfen wollen. Hatte die unachtsame kleine Schwester das nicht auch verdient? Aber wenn man in zwei solche Augenpaare blickt, in ein blaues und ein schwarzes, die einen so beredt um Vergebung anbetteln – nein, da kann man doch nicht länger böse sein. Also übergibt Hella dem Italienermädchen den beschädigten Handschuh und ein Restchen rote Wolle. Damit zieht Elena ab.

Hanneli trottet zum Sternenfester, um einen der purpurroten Sterne abzulösen. Dabei sind es ja erst drei! Sie seufzt. Unerwartet kommt der Bruder ihr zu Hilfe. Er sagt: »Du hast ja einen Stern verdient, weil du Elena mitfahren ließest auf dem Fliegenden Holländer. So gleicht es sich wieder aus, und du brauchst keinen herzugeben.«

Da ist Hanneli aber froh. Am meisten freut sie sich darüber, daß Hella ihr nicht mehr zürnt.

Dienstag nach dem 3. Advent

Das Lucia-Fest

Es ist noch sehr früh und stockdunkel, als der große Küchenwecker rasselt. Hella hat ihn unter ihr Bett gestellt und vorsichtshalber noch ein Tuch darüber gedeckt – sonst weckt er womöglich alle Bewohner von Haus Tannengrün auf mit seinem Gerassel!

Hella gähnt dreimal herzhaft, dann springt sie aus dem Bett. Eins, zwei, drei hat sie ihren Schlafanzug ausgezogen und dafür ein langes, weißes Gewand übergestreift. Das ist ein ehemaliges Nachthemd von Frau Hundertmark, das die Gute ihrer kleinen Nachbarin geliehen hat. Und was tut Hella Wisselmann in der Frühe des 13. Dezember in ihrem wallenden weißen Gewand? Sie will doch nicht etwa ›Gespenst‹ spielen und die Familie zu Tode erschrecken? – Seht, da tritt sie ans Bett der kleinen Schwester und gibt ihr einen leichten Kuß. Hanneli ist sofort munter. Sie erschrickt kein bißchen, sondern murmelt: »Ja, ja, ich steh sofort auf. Ich komme schon zurecht. Geh du nur in die Küche.«

Den Hartmut aufzuwecken, ist schon schwieriger. Endlich gelingt es doch. »Los! Schnell!« zischt ihm die große Schwester zu. »Ich helfe dir nachher mit dem Laken. Und vergiß nicht die Hüte!«

Hella schleicht sich leise in die Küche, setzt einen Topf mit Wasser auf und fängt an, ein Frühstückstablett zu beladen: zwei Teller, zwei Tassen, zwei Löffel, Zuckerdose, Sahnekännchen und zuletzt die Platte mit dem Kuchen. Ah, der sieht lecker aus! Tante Hundertmark hat ihr beim Bakken geholfen. Es sind Rosinen drin und rote kandierte Kirschen, Kokosflocken, Orangeat und Zitronat. Ein strahlend weißer Zitronen-Zuckerguß schmückt ihn von außen. Ja, dieses Prachtstück der Backkunst kann sich sehen lassen! Eben kocht das Wasser, und der Kaffee kann aufgegossen werden. Eigentlich müßte man solch ein hübschen kupfernen Kaffeekessel haben . . . Aber da nun eben keiner da ist, nimmt man notgedrungen eine ganz gewöhnliche Kaffeekanne.

Jetzt huscht Hanneli in die Küche, und Hartmut folgt ihr auf dem Fuß. Das jüngste Wisselmännchen trägt ein abgelegtes Nachthemd der großen Schwester. Es ist nicht rein weiß, sondern zeigt blaßrote Tupfen auf weißem Grund. Na, so genau kann man es nicht nehmen! Man tut, was man kann. – Hartmut hat ein Laken um sich gewickelt. Hella muß es ihm noch mit Sicherheitsnadeln feststecken. So, das wäre geschafft.

»Wo habt ihr die Hüte?« flüstert Hella.

Hanneli bringt sie herbei. Sie sind hoch und spitz wie Zukkerhüte und mit Goldsternen beklebt. Einen setzt Hanneli sich selber auf, der zweite wird auf Hartmuts Blondschopf gedrückt. Dann greift Hartmut nach einem Stab, an dem ein großer goldener Stern befestigt ist.

»Halt!« gebietet Hella. »Den Stern muß Hanneli tragen. Der jüngste ›Sternbub‹ trägt den Stern – so will es die Vorschrift.«

»Und ich? Was trag denn ich?« brummelt Hartmut.

»Na, die Kaffeekanne«, erklärt Hella. »Das kannst du viel besser. Für Hanneli ist sie zu schwer.«

Prüfend beäugt Hartmut das Frühstückstablett. »Hm. Sieht lecker aus. Und der Kuchen – der ist ziemlich groß. Den können sie doch wohl nicht allein verputzen zum Frühstück?«

»Natürlich ist das nicht möglich. Was denkst du bloß! Einen ganzen Kuchen! Und nun denk an deine Aufgabe und nicht immer nur ans Essen!« mahnt die große Schwester. Dann blickt sie sich suchend um. »Wo ist denn meine Lichterkrone?«

Auch darüber weiß Hanneli Bescheid und reicht sie der Schwester. »Wenn dir nur die Haare nicht anbrennen!« meint sie etwas ängstlich.

»I wo! Ganz ausgeschlossen!« versichert Hartmut. Er selber hat den Lichterkranz gebastelt, schöne, lange, nicht zu dicke Kerzen ausgesucht und sie sehr gut befestigt. Nein, da kann nichts passieren. Hella muß sich auf einen Stuhl setzen, dann wird ihr blondes Haar mit dem Lichterkranz geschmückt, und Hartmut entzündet vorsichtig die Kerzen.

Nun kann's losgehen! Es wird an die Tür des Elternschlafzimmers gepocht, und als ein verwundertes und verschlafenes ›Herein!‹ ertönt, halten die drei feierlich ihren Einzug, Hella in der Mitte mit dem brennenden Lichterkranz im Haar und dem Tablett in den Händen; ihr zur Seite die beiden ›Sternbuben‹ mit Sternstab und Kaffeekanne. Sie pflanzen sich vor den Ehebetten auf und fangen an zu singen:

»Licht, das in die Welt gekommen,
Sonne voller Glanz und Pracht,
Morgenstern, aus Gott entglommen,
treib hinweg die alte Nacht;

zeuch in deinen Wunderschein
bald die ganze Welt hinein.«

Es ist gut, daß die Eltern in ihren Betten liegen, so können sie wenigstens nicht umkippen vor Staunen über diese unerwartete Überraschung! »Hast du Töne!« brummt der Vater und fährt sich durch das wirre Haar, während sich die Mutter die Augen reibt und murmelt: »Ich träume wohl noch? Gewiß, das ist nur ein Traum! Wo gibt's denn so was?«

»In Schweden, Mutti!« platzt Hella heraus. »Heut ist doch der 13. Dezember. Da feiert man in Schweden das Lucia-Fest. Das hat mir meine schwedische Brieffreundin Barbro alles erzählt in ihrem letzten Brief. Sie hat mir auch das Rezept für den Lucia-Kuchen mitgeschickt.«

»Ah, natürlich!« erinnert sich die Mutter. »In Stockholm wird doch alljährlich eine Lucia-Braut erwählt, die dann feierlich durch die Straßen zieht. Allerdings habe ich nicht gewußt, daß man diese Sitte auch in den schwedischen Familien pflegt.«

»Und ein Fest kann sich unsere tatenfrohe Hella selbstverständlich nicht entgehen lassen«, schmunzelt Lehrer Wisselmann. »Welches mag wohl der ursprüngliche Sinn dieses Festes sein? Und wie seid ihr auf das Lied gekommen?«

»Das war unsere eigene Idee, in Schweden singen sie nichts«, berichtet Hartmut stolz. »Wir finden, das Lied vom Licht paßt so schön.«

»Es ist eine Art Lichtfest«, erklärt Hella. »In Schweden ist es um diese Jahreszeit sehr dunkel. Man denkt erleichtert daran, daß die Finsternis nach acht Tagen ihren Höhepunkt erreicht haben wird. Die Lucia selber soll ein Mädchen aus alter Zeit gewesen sein, das als Märtyrerin gestorben ist.«

»Das habt ihr fein gemacht«, lobt der Vater. »Auch das mit dem Lied. Es erinnert uns an das ›Licht der Welt‹, das zu Weihnachten zu uns auf die dunkle Erde kam, um unsere Herzen und unsere Häuser hell und froh zu machen.«

Die Eltern lassen sich das köstliche Frühstück wohlschmecken. Hartmut darf ganz beruhigt sein: es bleibt noch genug vom Lucia-Kuchen übrig.

Später veranlassen Vater und Mutter, daß drei neue Sterne ans Sternenfenster geklebt werden. So sehr haben sie sich gefreut über die Überraschung ihrer Kinder!

Der alte Roller

Hartmut werkelt unten im Keller im Hobby-Raum. Gerade eben hat er das letzte Frühstücksbrettchen fertiggestellt. Jetzt räumt er seine Werkzeuge fort. Da sieht er auf einmal in einer Ecke seinen alten Roller stehen. Es wird ihm ganz sonderbar zumute, als er daran denkt, wie heiß er sich diesen Roller gewünscht hatte zu Weihnachten vor drei Jahren. Und als er ihn dann wirklich bekam – oh, da war sein Glück übergroß gewesen! Noch erinnert sich Hartmut ganz genau, wie sein Pumproller damals ausgesehen hat: glänzend rot gestrichen, mit einer richtigen Handbremse, einer Luftpumpe, einem Gepäckträger, einem Rückstrahler, einer Klingel und zwei bunten Wimpeln.

Wie stolz Hartmut damals gewesen war! Und er hütete seinen kostbaren Besitz sehr sorgsam. Niemand durfte seinen roten Roller anrühren, weder die Schwestern noch sein Freund Gerhard. Er war wie vernarrt in ihn. Die Schulaufgaben wurden nur schnell runtergeschmiert, damit er mit seinem Roller losbrausen konnte. Und samstags wischte und putzte er an ihm herum, bis er wieder wie neu glänzte.

Bis dann jener verhängnisvolle Sonntag gekommen war, an dem im Kindergottesdienst das erste Gebot besprochen worden war. Der Vater fragte die Kinder beim Mittagessen öfter danach, was sie im Kindergottesdienst besprochen hätten. Ohne zu stocken hatte Hella sogleich das erste Gebot hergesagt: »Ich bin der Herr, dein Gott; du sollst keine anderen Götter haben neben mir.«

Herr Wisselmann hatte eine lehrreiche Betrachtung darangeknüpft über Götzen im allgemeinen und im besonderen. Ganz plötzlich hatte Hella ausgerufen: »Der Hartmut! Der hat einen Götzen. Das ist sein Pumproller. Den liebt er mehr als alles andere auf der Welt.«

Die andern hatten zuerst gelacht und es für Spaß gehalten. Aber Hartmut wußte, daß es stimmte. Er war sehr unglücklich gewesen. Schließlich hatte er sich ein Herz gefaßt und mit dem Vater gesprochen. Der machte ein bedenkliches Gesicht und sagte: »Wie? Habe ich recht gehört? Dein schöner Roller ist dir zum Götzen geworden? Der geht dir über alles? Wegen dem vernachlässigst du sogar deine Schulaufgaben? Was machen wir denn da? Weißt du, ein Götze gehört nicht hinein in das Leben eines Christenmenschen. Und ein Christ möchtest du doch werden, nicht wahr, Hartmut?«

Hartmut hatte zögernd genickt. Auf einmal war dann der rote Roller einfach verschwunden gewesen. Der Vater hatte ihn in Gewahrsam genommen. War ja klar. Ein Götze gehörte nicht ins ›Haus Tannengrün‹. Doch eines Tages schob der Vater den Pumproller wieder ins Kinderzimmer.

»Der ist für euch drei«, erklärte er lächelnd. »Ich hoffe, ihr werdet es lernen, ihn abwechselnd zu benutzen, ohne euch dabei zu zanken, ohne damit zu prahlen und ohne darüber eure Pflichten zu versäumen. Sollte euch das nicht gelingen, so wird der Roller ganz einfach verschenkt – an andere Kinder, die besser damit umzugehen verstehen und keinen ›Götzen‹ daraus machen.«

Es fiel Hartmut nicht leicht, die Schwestern und Freunde auf ›seinem‹ Roller fahren zu lassen. Aber schließlich gewöhnte er sich daran, da es nun einmal sein mußte. Im

Laufe der Jahre war sein Interesse an dem Roller allmählich erkaltet. In letzter Zeit hatte er überhaupt nicht mehr an ihn gedacht. Er benutzte jetzt lieber das alte Fahrrad, die sogenannte ›Familienkarre‹.

Vorsichtig gleiten Hartmuts Finger über die Reifen seines alten Rollers. Die sind noch in Ordnung. Dem ganzen Roller fehlt eigentlich nichts. Nur die rote Farbe ist hier und da ein wenig abgeblättert. Die Klingel müßte man putzen und die Wimpel waschen . . .

In tiefe Gedanken versunken hockt Hartmut neben seinem alten Roller. Er zuckt zusammen, als sich ihm unversehens eine Hand auf die Schulter legt.

»Na, Junge, was treibst du denn hier unten im Keller?« hört er den Vater sagen. »Willst du deinen alten Roller etwa wieder in Gebrauch nehmen? Ich dachte, dafür wärest du jetzt schon zu groß.«

Hartmut nickt. »Ja. Und Hella ist auch zu groß dafür, und Hanneli macht sich nichts daraus, die fährt lieber Rollschuh. Aber – Vati – ob wir nicht noch irgendwo 'n bißchen rote Farbe haben?«

»Schon möglich. Und was willst du damit – wenn ich fragen darf? Hast du vielleicht vor, ihn zu verkaufen? Bist ja doch unser kleiner ›Geschäftsmann‹ und ›Kapitalist‹!«

Unwillig schüttelt Hartmut den blonden Kopf. »Aber nein. Doch nicht verkaufen! Verschenken. Jemand soll ihn haben, der sich ebenso darüber freut, wie ich mich einmal darüber gefreut habe.«

»Fein, mein Junge. Und du kennst so jemanden?«

»Ja«, erwidert Hartmut zögernd und leise. »Das ist so 'n Junge von vielleicht acht Jahren – ich glaube, er heißt Hassan – es ist eine türkische Familie, Gastarbeiter – die wohnen im Pappelweg. Der Junge steht immer da an der Straße und guckt zu, wenn die andern Kinder vorbeiflitzen auf ihren Rädern und Rollern. Er hat so schwarze Augen, mit denen bettelt er und schaut ganz sehnsüchtig. Was meinst du, wenn der zu Weihnachten den Roller kriegt! Wie der sich freuen wird! Er weiß ja bestimmt noch nichts von Weihnachten, sicher ist er Mohammedaner. Aber dann kriegt er vielleicht 'ne Ahnung, was das ist. Nicht bloß so 'n Rummel und so 'n Jahrmarkt . . .«

Lehrer Wisselmann streicht seinem Sohn schweigend übers Haar. »Der hat Augen im Kopf, der Junge«, denkt er und schämt sich fast ein wenig. »Der sieht sogar Menschen, die ich noch nie beachtet habe.« – Laut fährt er fort: »Abgemacht, Hartmut. Wir beide polieren den alten Roller auf Hochglanz und schenken ihn Hassan. Und du selber? Was hättest du denn gern? Vielleicht ein eigenes Fahrrad? Einen Götzen würdest du doch nicht wieder daraus machen? Und jetzt klebe ich einen Silberstern ans Sternenfenster.«

Donnerstag nach dem 3. Advent

Die neue Malkreide

Hannelis Lehrerin Frau Berthold hat ihren Schülern eine neue Malkreide empfohlen. Lehrer Wisselmann hat eine Schachtel davon besorgt. Eigentlich soll Hanneli sie zu Weihnachten haben, aber da Frau Berthold so sehr auf die Benutzung dieser Kreide dringt, übergibt er seiner Tochter dieses Geschenk schon im voraus.

Hanneli ist selig. Es sind zwölf verschiedene Kreidestifte in der Schachtel. Sie malt doch so gerne! Was für feine Bilder wird sie damit malen können!

Eines Nachmittags ist Hanneli allein in der Wohnung. Die Mutter ist schnell mal einkaufen gegangen, Hartmut hilft Kaufmann Pfendsack, und Hella steckt bei ihrer Freundin Annelore.

Hanneli hat ihre Schulaufgaben beendet. Jetzt will sie die neuen Kreidestifte mit den leuchtenden Farben ausprobieren. Sie nimmt einen Block heraus und malt drauflos. Einen prächtigen Tannenzweig mit brennenden Kerzen und glänzenden Kugeln. Dabei denkt sie an Weihnachten und an ihre Weihnachtsgeschenke. Die Geschwister bekommen schön geklebte Lesezeichen, der Vater einen neuen Telefonkalender. Und jetzt endlich fällt ihr auch das richtige Geschenk für die Mutter ein. Sie wird einen Schreibblock kaufen – soviel Geld hat sie noch – und die einzelnen Bogen hübsch mit Blumen bemalen. Blumen gelingen ihr immer, das kann sie. Alles mit der neuen Malkreide, versteht sich.

Hanneli läßt ihre Blicke durchs Kinderzimmer schweifen. Sie bleiben hängen an einem von Hellas Büchern, das auf ihrem Arbeitsplatz liegt. Hanneli steht auf, holt es sich und blättert darin. Es ist ein lustiges Tierbuch, mit vielen drolligen Zeichnungen geschmückt. Diese Zeichnungen hatten nur einen Fehler: sie waren nicht bunt, sondern nur schwarz-weiß.

»Wie hübsch das aussehen würde, wenn ich diese Bilder ein bißchen anmalen würde mit meiner Malkreide«, überlegt Hanneli. »Die Bäume grün – die Dächer rot – den Hund braun – den Zaun rosa – die Blumen bunt – die Wege gelb – na, das wird vielleicht ein herrliches Buch geben! Hella wird staunen.«

Mit vor Eifer knallroten Backen fängt Hanneli an, die schwarz-weißen Bilder in dem Tierbuch ganz wundervoll bunt auszumalen mit ihrer neuen Malkreide. In ihrer Malfreude merkt sie gar nicht, daß zuerst die Mutter und dann der Vater und schließlich die große Schwester nach Hause kommen. Ganz plötzlich steht Hella im Kinderzimmer, und als sie die Kleine damit beschäftigt findet, die Bilder in dem Tierbuch farbig anzumalen, staunt sie wirklich nicht schlecht! Sie runzelt die Stirn und fragt unheildrohend: »Was machst du denn da?«

Hanneli fährt zusammen, lächelt dann ihre Schwester an und erklärt freudestrahlend: »Ich mal' dein Buch aus, Hella. Sieh doch nur, wie schön es wird! Sooo bunt!«

Hella lacht laut. Aber es ist kein gutes Lachen. »Was? Schön nennst du diese Schmiererei auch noch? Jetzt hast du mir das ganze Buch verdorben. Jawohl. Verdorben. Das wollte ich doch Gudrun Winter zu Weihnachten schenken, weil sie Tiere so gern hat. So kann ich es ihr doch nicht schenken, so verschmiert. Was fang ich nun bloß an, du Nichtsnutz du? Ich hab ja kein Geld mehr, um ihr ein anderes Buch kaufen zu können. Ja, was tu ich jetzt? Du mit deiner dummen Malkreide! Die ganze Welt wirst du noch damit vollschmieren.«

Hella ist wütend. Das kann jeder sehen. Aber warum ist sie nur so wütend geworden? Hanneli hat doch gar nichts beschmiert – sie hat nur wunderschön gemalt. Das Tierbuch ist nun zehnmal hübscher als vorher. Darüber kann diese Gudrun sich doch nur freuen! Nein. Hanneli begreift den Ärger ihrer großen Schwester einfach nicht. Doch deren Zorn spürt sie deutlich genug und fängt laut an zu weinen.

Wenn Hanneli erst richtig mit Heulen anfängt – na, dann kann man sich auf was gefaßt machen! Es dauert auch nicht lange, da eilt der Vater ins Kinderzimmer, aus dem ein solcher Lärm erschallt. Was mag da nur los sein? Die Hella schimpft wie ein Rohrspatz, und das Hanneli heult zum Steinerweichen – na, Lehrer Wisselmann wird die Lage schon klären und der Ursache auf den Grund kommen.

Mit vorwurfsvollen Blicken reicht Hella dem Vater das ›entstellte‹ Tierbuch und deutet mit der andern Hand auf die Sünderin Hanneli. Die kleine Malerin schluchzt immer lauter und heftiger.

»Nun hör erst mal auf zu weinen, Kleinchen, dann wollen wir in Ruhe über alles sprechen«, sagt der Vater und drückt Hanneli ein reines Taschentuch in die Hand, damit sie sich die Tränen trocknen kann. »So. Und jetzt schauen wir uns mal dies Tierbuch an. Also, Hella, Hanneli hat das wirklich nett gemalt. Aber siehst du, Hanneli, es war ja nicht dein Buch. Man muß das Eigentum des andern achten und darf nicht einfach lustig darin herummalen. Du hättest deine Schwester fragen müssen. Verstehst du das, Kleinchen?«

Hanneli nickt und schluckt. »Hella war doch nicht da, ich konnt' sie ja nicht fragen«, piepst sie.

»Dann hättest du eben warten müssen, bis sie zurückkam«, fährt der Vater fort. »Verstanden?« – Hanneli nickt wieder.

»Gut. Ein andermal paßt du besser auf. Und jetzt sagst du: ›Verzeih mir, Hella‹ – und alles ist wieder in Ordnung.«

Doch Hellas Miene hat sich noch nicht aufgehellt. »Es ist nicht in Ordnung«, murrt sie. »Was mach ich nun? Ich kann doch Gudrun nicht ein solches Buch schenken!«

Der Vater überlegt und erwidert dann: »Ich glaube nicht, daß Gudrun Hannelis kleinen Scherz übelnehmen wird, wenn du es ihr auf nette Art erklärst.«

Hanneli hat den Weihnachtszweig heruntergeholt und hält ihn der Schwester bittend hin. Da ist Hella endlich zur Versöhnung bereit. Später wandern die beiden Schwestern einträchtig Hand in Hand zum Sternenfenster und lösen vorsichtig zwei Sterne ab, einen goldenen und einen purpurroten. Sie sind heute beide nicht so gewesen, wie man im Advent sein soll, wenn der König aller Könige Einzug halten will. Aber nun sind sie doch wieder froh, daß nichts mehr zwischen ihnen steht und der Friede wiederhergestellt ist.

Freitag nach dem 3. Advent

Hartmut, der Geschäftsmann

Hartmut wandert den Eschenweg hinunter. Er pfeift leise vor sich hin, nicht eben schön – aber vergnügt! Es hat Tauwetter eingesetzt. ›Vielleicht werden die Straßen wieder schön trocken bis zu Weihnachten‹, denkt Hartmut. ›Und wenn ich dann wirklich ein Fahrrad bekomme, ein funkelnagelneues, eigenes Fahrrad mit allen Schikanen . . .‹ Ja, das ist ein sehr angenehmer Gedanke.

Bald schießen auch noch andere angenehme Gedanken durch Hartmuts Kopf. Er ist wieder auf dem Weg zu Kaufmann Pfendsack. Prima ist das, wenn man sich vor Weihnachten ein bißchen Geld verdienen kann. Die Geschwister necken ihn zwar manchmal und nennen ihn ›unser Kapitalist‹. Doch das stört Hartmut nicht weiter; es ist ja bloß Spaß. Ein ›Kapital‹ hat Hartmut sich noch nicht erworben, bloß ein wenig Weihnachtsgeld.

Den Druckerkasten für Hella hat er schon besorgt und für Hanneli reizendes Puppengeschirr aus Plastik. Die Mutter soll Lavendelwasser und Lavendelseife haben und der Vater Rasierwasser und Tabakseife.

Nun ist Hartmut vor dem Spargeschäft angelangt. Eben will er hinein, da fällt sein Blick auf eine alte Dame, die gerade den Laden verläßt. Mühsam schleppt sie zwei schwere Taschen. Hartmut schluckt. Es überkommt ihn ein sonderbares Gefühl, geradeso wie damals, als er Frau Gramlich die Kohlen aus dem Keller holen sah. ›Ob sie das schafft?‹ denkt er zweifelnd. Die hat sich bestimmt zuviel aufgeladen! Die alte Dame wendet sich zum Gehen, Hartmut möchte ins Geschäft hinein – doch er kann nicht, wie festgenagelt steht er da auf dem Pflaster. Dann ist er mit einem Satz neben der schwer bepackten Dame und stottert: »H–haben Sie es w–weit bis nach Hause? D–darf ich Ihnen helfen?«

»Oh, das ist wirklich zu nett von dir, mein Junge«, sagt die alte Dame und lächelt dankbar. »Ich wohne im Kastanienweg. Das ist ja wirklich ein ganz schönes Stück. Sonst nehme ich für gewöhnlich mein Einkaufswägelchen. Aber heute vergaß ich es – das heißt, ich wollte eigentlich gar nicht soviel kaufen. Nur – wenn man dann so durch den Laden schlendert, da fällt einem dies und das auf, was man jetzt vor Weihnachten noch gebrauchen könnte, zum Beispiel für die Weihnachtsbäckerei. – Aber sag, hält dich das nicht zu sehr auf? Wolltest du nicht auch etwas holen aus dem Spargeschäft? Bist du denn schon fertig mit deinen Schulaufgaben?«

Hartmut ist nicht so redselig wie seine Schwestern. Natürlich darf man nicht unhöflich sein, und so beantwortet er artig die Fragen der alten Dame. Mehr läßt er aber nicht aus sich herausquetschen. Gottlob, jetzt haben sie den Kastanienweg erreicht. Diese Taschen haben ein ordentliches Gewicht.

Hier wohnt die alte Dame? Sehr gut. Hartmut stellt die Taschen ab, und während sie die Haustür aufschließt, dreht er sich schnell um und läuft davon. Sie winkt und ruft hinter ihm her, doch er schüttelt lachend den Kopf und schreit: »Fröhliche Weihnachten!« Dann ist er so schnell verschwunden wie ein Pfeil.

Als er außer Sicht- und Hörweite ist, verlangsamt er seine

Schritte. Er schaut auf die Uhr. Nein, jetzt lohnt es nicht mehr, noch mal bei Kaufmann Pfendsack hereinzublicken und um Aufträge zu bitten. So schlendert Hartmut gemütlich nach Hause.

Beim Abendbrot kann die große Schwester es nicht lassen, ihren Bruder mal wieder zu necken: »Nun, Herr Kapitalist, wieviel haben Sie heute nachmittag verdient?«

»Gar nichts«, brummt Hartmut.

»Wieso denn?« fragt Hella erstaunt. »Warst du denn nicht bei Kaufmann Pfendsack?«

»Nein. Nicht ganz.«

»Was soll das heißen ›nicht ganz‹?« ereifert sich Lehrer Wisselmann. »Sprich doch ordentlich, Junge, und sei nicht immer so mundfaul!«

»Na, es stimmt doch. Ich kam nicht bis hinein. Da war eine alte Dame, der hab ich tragen geholfen.«

»Und sie hat dir nichts geschenkt?« erkundigt sich Hanneli. »Die meisten tun das doch. Man nennt es ›Trinkgeld‹, nicht wahr?«

»Oh, die war schon in Ordnung. Die wollte mir bestimmt was geben. Aber ich bin schnell davongerannt.«

»Ja, warum denn bloß?« wundert sich Hanneli.

»Weil sich's nicht gehört, für so 'ne Kleinigkeit was anzunehmen«, weist Hartmut die Kleine beinahe barsch zurecht. Dann fügt er milder hinzu: »Wenigstens nicht für einen großen Jungen. Der tut das freiwillig, ohne Belohnung.«

»Hat sich die alte Dame gefreut?« fragt Hanneli unverdrossen weiter.

»Ja, das hat sie wohl«, meint Hartmut.

Da springt Hanneli schnell auf und ruft: »Ein Silberstern für Hartmut!«

Hartmut lächelt seine kleine Schwester an und meint: »Wenn du es nicht bis zur ›Sternensiegerin‹ bringen solltest, dann wirst du doch auf jeden Fall einen Titel erhalten. Und der wird lauten: ›Obersternkleberin‹!«

Jetzt müssen alle lachen, und sie finden diesen Titel ganz wundervoll passend für das jüngste Wisselmännchen.

Samstag nach dem 3. Advent

Der Einkaufsbummel

»Heute nachmittag sind die Läden geöffnet«, sagt Annelore Wienhold am Samstag zu ihrer Freundin Hella Wisselmann. »Ich muß noch einiges besorgen – kommst du mit? Solch ein Einkaufsbummel in der Weihnachtszeit ist doch etwas Herrliches! Die Lichtgirlanden, die Weihnachtsbäume mit den elektrischen Kerzen, die geschmückten Schaufenster mit all ihrer Pracht . . .«

Hella zögert mit ihrer Antwort. »Ach, ich weiß nicht recht . . . Vater sagt immer, das sei wie ein großer Jahrmarkt, dieser ganze Rummel, und der hätte überhaupt nichts mit Weihnachten zu tun.«

»Ja, aber damals herrschte auch ein Gedränge und ein Gerummel in Bethlehem, denn es war ja Volkszählung«, behauptet Annelore. »Alle Gasthöfe waren ja überfüllt. Vielleicht ging es da auch so ähnlich zu wie auf einem Jahrmarkt – wer weiß? Übrigens liebe ich Jahrmärkte. Du etwa nicht?«

»Ich weiß nicht . . .«, wiederholt Hella. »Und überhaupt, ich hab' schon alles gekauft, und mein Geld ist alle. Was soll mir da ein Einkaufsbummel?«

»Ach, komm doch mit, Hella! Bitte!« bettelt Annelore. »Zu zweit macht es doch viel mehr Spaß. Du kannst mir helfen, die fehlenden Geschenke auszusuchen, und dann gucken wir uns gemeinsam die Schaufenster an – du, das wird prima. Gelt, du kommst mit?«

Schließlich willigt Hella ein, und am Nachmittag ziehen die Freundinnen zusammen los. Herrscht da ein Gedränge auf den großen Geschäftsstraßen! Da geht es wirklich zu wie auf dem Jahrmarkt.

»Gib acht auf dein Geldtäschchen!« flüstert Hella ihrer Freundin zu.

Annelore segelt munter durch den Trubel – wie ein Schiff durch brausende Wogen! Dann und wann zupft sie Hella am Ärmel und zieht sie vor ein besonders verlockendes Schaufenster. »Sieh mal hier die Schmucksachen, Hella! Sind sie nicht wundervoll? Solche Korallenkette habe ich schon. Zu Weihnachten werde ich auch noch ein Korallen-Armband bekommen, und später wünsch' ich mir noch einen Ring mit einer Koralle. Aber wenn ich groß bin, möchte ich richtigen Goldschmuck haben. Wie gefällt dir diese Garnitur aus Weißgold?«

»Nicht übel«, murmelt Hella und tritt von einem Fuß auf den anderen. Will Annelore etwa Wurzeln schlagen hier vor dem Juweliergeschäft? Na – endlich geht es weiter. Was hat Annelore denn da schon wieder erspäht?

»Siehst du diesen karierten Hosenanzug dort?« fragt sie eifrig. »Einen ganz ähnlichen krieg' ich zu Weihnachten. Wie findest du ihn?«

»Schick«, erwidert Hella kurz und strebt weiter, denn sie hat nicht sehr viel Lust, jetzt auch noch sämtliche Braut- und Abendkleider zu bewundern.

In dieser Straße gibt es einfach zu viele Geschäfte! Und mittendrin ist auch noch ein Konditorladen. Was der alles im Schaufenster anbietet – da läuft einem ja das Wasser im Munde zusammen! Lübecker Marzipan – Mandelspekulatius – Domino-Steine – ganz zu schweigen von all den Kuchen und Torten.

»Ich kann nicht widerstehen«, seufzt Annelore. »Wenn ich irgendwo Schwarzwälder-Kirschtorte seh, werd' ich immer schwach. Komm, Hella, gehen wir rein! Eine heiße Tasse Schokolade wird uns guttun.«

»Ich habe dir doch von Anfang an gesagt, daß ich kein Geld habe«, brummt Hella ärgerlich. »Nun führ mich doch nicht in Versuchung! Man lebt schließlich auch ohne heiße Schokolade und Schwarzwälder-Kirschtorte. Außerdem muß ich an die ›schlanke Linie‹ denken . . .«

»Ach was, einmal ist keinmal«, lacht Annelore und zitiert dann gleich noch Fräulein Engelhorn: »›Frisch gewagt ist halb gewonnen.‹ Mach du dir bloß keine Gedanken wegen des lumpigen Geldes. Heute bist du mein Gast. Ich war es ja auch, die dich zu diesem Einkaufsbummel eingeladen hat. Da ist es doch nur recht und billig, daß dabei etwas herausspringt für dich.«

Bald sitzen die beiden Freundinnen in dem behaglichen Café an einem der kleinen, weißgedeckten Tische, die so traulich von einem Lämpchen mit rotseidenem Schirm beleuchtet werden. Annelore fühlt sich ganz wie eine junge Dame und gibt würdevoll ihre Bestellung auf. Die Schokolade ist heiß und süß, und die Torte ist ein Gedicht mit viel köstlicher Schlagsahne und erfrischenden Kirschen in dem braunen Teig.

Hella löffelt schweigend an ihrer Torte herum. Komisch, warum diese leckere Sahne bloß so bitter schmeckt? Allmählich wird ihr klar, daß diese Bitterkeit gar nicht in der Torte steckt, sondern in ihrem eigenen Herzen. Es ist der Neid. Jawohl. Sie beneidet ihre Freundin Annelore, weil die viel mehr Taschengeld bekommt als sie, weil sie sich einfach so in ein Café setzen und sogar noch ihre Freundin einladen kann! Neid ist etwas so Häßliches, das weiß

Hella wohl, und es wird ihr ganz elend zumute. Der ganze Einkaufsbummel ist ihr verleidet, und sie drängt zum Aufbruch.

Zu allem Unglück begegnet sie im Eschenweg auch noch der Frau Blechschmidt und ihrer Tochter Gesine. Sie wohnen dort, nur ein paar Häuser von Wisselmanns entfernt. Gesine ist ungefähr in Hellas Alter, aber sie besucht eine andere Schule, eine Sonderschule. Als kleines Kind hat sie eine Gehirnhautentzündung durchgemacht, und seither hat sie sich nicht ganz normal entwickelt, sondern ist geistig behindert.

Hella grüßt die Blechschmidts und läuft dann schnell weiter. Jetzt fühlt sie sich noch viel elender, wenn sie an die arme Gesine denkt, die soviel entbehren muß. Wie reich ist Hella Wisselmann dagegen!

Familie Wisselmann versammelt sich gerade um den Abendbrottisch, als Hella eben einen Goldstern vom Sternenfenster ablöst. – »Nanu, was tust du denn da?« wundert sich Hanneli. »Du hast doch gar nichts angestellt!«

»Doch«, behauptet Hella. »Ich hab schlechte Gedanken gehabt. Und Mutti hat doch gesagt, man müßte immer nach seinem Gewissen handeln!«

Der vierte Advent

Da die Straßen nun wieder trocken und schneefrei sind, hat Herr Wisselmann vorgeschlagen, an diesem Sonntag Hartmuts Patenonkel, den Großonkel Hartmut, zu besuchen. Damit ist Hartmut ganz einverstanden. Er hat seinen Paten schon lange nicht mehr gesehen. Sorgfältig packt er sein Geschenk ein, den Erzählband mit den Geschichten aus Ostpreußen. Die Fahrt ist weit, und Vater und Sohn müssen schon früh aufstehen, als es noch stockdunkel ist. Die ›weiblichen Wisselmänner‹ bleiben zu Hause, damit es nicht zuviel wird für Tante Mariechen.

Frau Wisselmann kann es aber nicht lassen, ihrem Jungen noch ein paar gute Ermahnungen mit auf den Weg zu geben: »Denk daran, daß Tante Mariechen eine zarte Gesundheit hat und sich nicht aufregen darf. Und dann ist da noch ihre Tochter, Tante Gerda. Die merkt alles, das kannst du mir glauben. Ich möchte nicht gern, daß du dich und uns blamierst!«

Hartmut nickte ergeben mit dem Kopf und kletterte dann flink ins Auto. So in der Dämmerung zu fahren, hat auch seine Reize, besonders, wenn hier und da vor den Häusern elektrische Kerzen brennen auf den Fichten oder Tannen in den Vorgärten. Hartmut denkt voll Bedauern darüber nach, wie schade es doch ist, daß Onkel Hartmut sein herrliches Gut in Ostpreußen verlieren mußte. Solch ein Gut muß doch etwas Großartiges sein, mit all den Tieren . . . Jetzt hat Onkel Hartmut nur noch einen Hund, ein paar Hühner und einige Kaninchen. Er wohnt in einem hübschen kleinen Haus am Rande einer kleinen Stadt.

Die Freude ist groß, als Wisselmanns dort eintreffen. Bald

brechen alle zum Kirchgang auf. Nur Tante Mariechen bleibt zu Hause, sie erkältet sich sonst zu leicht.

Hartmut sitzt zwischen Onkel Hartmut und seiner Tochter Gerda, die Haushaltslehrerin ist. Natürlich wird er sich tadellos benehmen, besonders hier in der Kirche, das ist doch klar. Und dann passiert es doch – o weh! Wie konnte das bloß geschehen, daß Hartmut mitten in der Kirche in schallendes Gelächter ausbricht? Solche Schande! Das gehört sich ganz und gar nicht. Ja, das ging so zu: ein dicker, kahlköpfiger Mann schräg hinter Hartmut setzte mit kräftiger Stimme zum Eingangschoral an, obwohl der Organist sein Vorspiel doch noch nicht beendet hatte. Erschrocken brach er wieder ab. Doch um Hartmuts Fassung war es geschehen. Erst kicherte er in sich hinein, dann prustete er in sein Taschentuch, und zuletzt kriegte er einen richtigen Lachanfall. Da blickte Tante Gerda ihn an – und *wie* sie ihn anblickte!

Jetzt schleicht Hartmut bedrückt hinter den andern her nach Hause. Er hat sich blamiert – vor dem Großonkel, vor Tante Gerda und vor der ganzen Gemeinde. Der Patenonkel mustert ihn verstohlen von der Seite, aber das merkt Hartmut gar nicht in seinem Kummer.

Inzwischen hat Tante Mariechen ein Huhn gebraten, eines von den eigenen. Es sieht goldbraun und sehr lecker aus, und Lehrer Wisselmann lobt diese gute Gabe in allen Tonarten. Hartmut stimmt nicht in das Loblied ein. Er hält den blonden Kopf noch immer gesenkt und stochert mit seiner Gabel in den Kartoffeln herum.

Plötzlich wendet sich Onkel Hartmut an seine Frau: »Weißt du noch, Mariechen, wie ich zu Hause in unserer Dorfkirche einmal so gelacht habe? Es war zu komisch – ich konnte mich nicht beherrschen. – Weißt du, Hartmut, damals waren in unserer Kirche vorne rechts und links vom Altar zwei abgetrennte, überdachte Kirchenstühle, mit richtigen Türen und Fensteröffnungen und Sitzbänken versehen. Der eine davon war für den Pfarrer bestimmt, der andere für die Gutsherrschaft. Während des Predigtliedes, bevor er auf die Kanzel stieg, pflegte der Pfarrer immer in seinem Kirchenstuhl zu sitzen, denn eine Sakristei gab es in unserer Kirche nicht.

Eines Sonntags geschah es nun, daß unser Pfarrer Lenkies, als er die Tür seines Kirchenstuhles öffnen wollte, diese nicht aufbekam. Sie hatte sich verklemmt. Er rüttelte und schüttelte und strengte sich gewaltig an – umsonst! Die Tür blieb zu. Ich beobachtete ihn von meinem Platz aus in meinem Kirchenstuhl, während wir das Predigtlied sangen, und da konnte ich mich nicht mehr halten: ich brach in lautes Lachen aus. Denk dir nur: in der Kirche! Pfarrer Lenkies, mit dem ich gut befreundet war, unternahm eine letzte verzweifelte Anstrengung. Und siehe da! Endlich gab die Tür nach und ging wirklich auf. Mit erhobenem Haupt und eiligen Schritten stieg er zur Kanzel hinauf. Nach dem Gottesdienst nahm er mich dann gehörig vor und stellte mich zur Rede: ›Na, hör mal, alter Freund, das war aber gar nicht nett von dir, daß du gelacht hast, als mir das Unglück passierte und ich die Tür nicht aufbekam.‹

Doch ich hartgesottener Sünder zeigte keine Reue. ›Lieber Freund‹, rief ich und fing schon wieder an zu lachen, ›du hast wohl nicht darauf geachtet, was die Gemeinde gerade sang, als du die Tür nicht aufkriegtest? Es war doch das Lied: ›Warum willst du draußen stehen, du Gesegneter des Herrn . . .‹ – Diesmal mußte mein Freund mitlachen, und er hat mir meine ungebührliche Heiterkeit verziehen. Der Vater im Himmel hat sie mir bestimmt auch vergeben. Er sieht seine Kinder gerne fröhlich – auch wenn uns das Lachen mal an einer verkehrten Stelle herausrutscht.«

Auf einmal schmeckt Hartmut das Brathuhn ebenso köstlich wie seinem Vater. Es wird ihm ganz warm – und das kommt nicht nur vom Essen! Diese warme Welle, die ihn durchflutet, die fließt seinem Patenonkel zu, der so gut verstehen kann, was in einem Jungenherzen vor sich geht; der fröhlich sein kann und ernst sein kann – beides an der richtigen Stelle und der nicht kleinlich ist. »Wenn ich groß bin«, denkt Hartmut, »wenn ich groß bin, dann möcht' ich auch mal so werden wie mein Pate.«

Die Rückfahrt verläuft gut, und in Haus Tannengrün gibt es abends eine stürmische Begrüßung. – »Hat dein Patenonkel sich gefreut über das Buch?« erkundigt sich Hanneli eifrig. »Dann kriegst du einen neuen Stern!«

Hartmut überlegt. Der Onkel hat sich wohl gefreut, aber Tante Gerda hat sich über ihn und sein ›unzeitiges‹ Lachen geärgert. Also gleicht es sich wohl wieder aus . . . So schüttelt er nur leicht den Kopf und erwidert würdevoll und ein wenig rätselhaft: »Mutti hat gesagt, daß man nach seinem eigenen Gewissen handeln muß!«

Hella und die kranke Freundin

Nanu, warum wandert Hella heute allein von der Schule nach Hause? Und warum biegt sie plötzlich in den Ahornweg ein? – Das kommt daher, weil ihre Freundin Annelore Wienhold krank geworden ist und mit einer fiebrigen Erkältung zu Bett liegen muß. Den ganzen langen Vormittag hindurch hat Annelore schon sehnsüchtig auf ihre Freundin gewartet und ist nun selig, als sie endlich bei ihr hereinschneit und ihr die Schulaufgaben bringt.

Eifrig holt Hella die Schulbücher aus der Mappe und erklärt ihrer Freundin, was heute durchgenommen worden ist und was sie nun nachlernen muß. Annelore notiert sich alles gewissenhaft. Dabei seufzt sie ein bißchen: »O Hella, du hast's gut!«

Hella, die gerade wieder ihre Bücher zusammenpackt, guckt die Feundin groß an. Da fährt diese fort: »Ja, du bist nämlich lange nicht so oft krank wie ich. Bist eben viel kräftiger und gesünder als ich.«

Die stämmige Hella zuckt verlegen die Achseln. »Ach, ich weiß nicht. Na, könnte ja sein . . . Immerhin, du hast noch Glück bei allem Pech. Jetzt ist doch nicht mehr viel los in der Schule. Ende der Woche beginnen ja schon die Weihnachtsferien. Wenn du uns bloß nicht im Stich läßt beim Krippenspiel! Was sollen wir am Heiligen Abend anfangen ohne Verkündigungsengel?«

»Da mach du dir nur keine Sorgen«, beruhigt sie Annelore. »Bis dahin bin ich wieder mopsfidel. Geb' mir ja alle

Mühe, mich gründlich auszukurieren. Wenn es bloß nicht so langweilig wäre im Bett! Heute nachmittag muß meine Mutter wieder in ihr Büro. Dann bin ich ganz allein. Das ist einfach gräßlich. Ach Gott, Hella, wenn du krank bist –« Annelore bricht jäh ab, wird rot, fischt sich ein Geldtäschchen aus ihrer Schulmappe, kramt fünf Pfennig hervor und reicht sie Hella. »Da! Tu's in die Pfennigschachtel. Hab' mich ja schon wieder verplappert . . . Die Schachtel steht drüben auf dem Bücherschrank – ja, dort, ganz richtig. Danke. – Was wollte ich doch noch sagen? Ja, wenn du mal krank bist, Hella, hast du's bestimmt nicht so trübselig. Deine Mutter geht nicht auswärts arbeiten, und vielleicht schaut auch Frau Hundertmark mal bei dir herein oder Oma Gramlich, und dann hast du deine Geschwister, die dir Gesellschaft leisten.«

Hella überlegt. Wie war das doch damals, als sie die Masern hatte? Da lagen sie alle drei in den Betten, die Wisselmännchen. »Na ja«, gibt sie zu, »als wir miteinander die Masern hatten, haben wir uns schon allerhand ausgedacht zum Zeitvertreib, zum Beispiel Rätsel raten oder Schattenbilder an die Wand werfen, und dann hat Mutti uns auch manchmal vorgelesen.«

»Na, siehst du! Seit ich zur Schule gehe, liest mir kein Mensch mehr was vor. Ja, du hast es gut, Hella.«

Hella zieht im Flur ihren Mantel über, als die Küchentür aufgeht und Frau Wienhold herauskommt. Sie begrüßt die Freundin ihrer Tochter und drückt ihr eine Schachtel Pralinen in die Hand. Hella will verlegen abwehren. »Aber n–nein, Frau Wienhold, i–ich w–will doch nichts dafür haben«, stottert sie. »Das tu' ich doch gern für meine Freundin.«

»Nun, wenn du deiner Freundin gerne eine Freude

machst, indem du sie besuchst und ihr die Aufgaben bringst, dann mußt du mir schon erlauben, dir auch eine Freude zu machen«, erklärt Frau Wienhold.

So bleibt Hella nichts anderes übrig, als sich höflich zu bedanken und sich zu verabschieden. Eine Ablehnung wäre ihr auch schwergefallen, denn für Pralinen hat sie nun mal eine Schwäche.

Hella hastet den Eschenweg entlang. Sie atmet schwer und seufzt. Wie eine Glocke tönt es immerfort in ihrem Kopf: »Du hast es gut, Hella!« Was ist das nur für ein heiß aufwallendes Gefühl, das da auf einmal ihr Inneres durchglüht? Kommt das etwa vom schnellen Laufen? Nein. Hella weiß, was es ist: das ist die Scham. Sie schämt sich, daß sie so oft neidisch gewesen ist auf ihre Freundin Annelore, die ja doch das einzige Kind ist und ihre Eltern immer ganz für sich allein hat und nie zu teilen braucht und jeden Wunsch erfüllt bekommt und schon im Ausland gewesen ist und – und – noch dazu ein eigenes Zimmer hat, ganz modern eingerichtet mit wunderschönen rotlackierten Möbeln. Ein eigenes Zimmer! Das ist Hellas Sehnsuchtstraum. Es brauchte ja nur ganz klein zu sein und dürfte gerne schräge Wände haben und ganz einfache, altmodische Möbel . . . Aber es ist ja nicht möglich. Die Wisselmannsche Wohnung hat eben nicht mehr Räume. Da ist nichts zu machen. Hella muß ihren Lieblingswunsch begraben. Und so hat sie ihre Freundin beneidet, brennend beneidet, schon lange. Aber jetzt schämt sie sich. Denn dieser Neid ist doch ganz grundlos. Im Grunde möchte sie gar nicht mit Annelore tauschen, mit dieser zarten Annelore, die so oft krank ist und die dann nicht einmal Geschwister hat zur Unterhaltung und Aufmunterung. »Ich müßte viel dankbarer werden«, denkt Hella bedrückt. »Ob man den Herrn Jesus darum bitten darf, um ein dankbares Herz? Als Weihnachtsgeschenk – sozusagen? Ja, das darf man bestimmt. Ich will es mal versuchen.«

Daheim verkündet Hanneli: »Hella hat ihrer kranken Freundin Freude gemacht und sie besucht. Sollte sie da nicht einen Stern haben?« – Aber die große Schwester schüttelt nur den Kopf.

»Sie hat ja schon die Pralinen gekriegt«, meint der liebe Bruder.

»Die haben nichts mit unsern Adventssternen zu tun«, belehrt ihn Hanneli.

Hella lächelt ein bißchen traurig und sagt ganz ernst: »Ihr wißt doch: man muß nach seinem eigenen Gewissen handeln. Und danach hab' ich's nicht verdient.«

Dienstag nach dem 4. Advent

Der Pfefferminzkuchen

Heute nachmittag ist wieder Mädchenkreis. Das Krippenspiel klappt schon ganz ordentlich. Es müssen aber noch ein paar Extra-Proben eingeschoben werden bis zum Heiligen Abend. Die Gemeindehelferin Fräulein Engelhorn ist etwas besorgt wegen des fehlenden Verkündigungsengels. Doch Hella beruhigt sie: Annelore wird bestimmt bald wieder gesund sein. Und sie ist ja schon ganz sicher in ihrer Rolle.

Dann packt Fräulein Engelhorn schon wieder eine neue Idee aus : »Ich finde, es ist an der Zeit, daß wir mal etwas für die Alten in unserer Gemeinde tun. Jetzt in der Adventszeit hat es schon so viele Feiern gegeben. Aber nach Weihnachten – so zwischen den Jahren – könnten wir doch eigentlich einen Alten-Nachmittag veranstalten. Der 29. Dezember scheint mir dafür ein passender Tag zu sein. Es soll in der Kirche bekanntgegeben werden; wir können auch noch persönlich dazu einladen. Natürlich müssen wir ein richtiges Programm bieten, Singen und Musizieren und vielleicht ein kleines Stegreif-Spiel, das kriegen wir leicht hin, so begabte Mädels, wie ihr seid! Ja, und dann muß es selbstverständlich Kaffee und Kuchen geben für unsere lieben Alten. Überlegt euch schon mal, was ihr da stiften könntet! Womöglich sind hier und da noch Reste vorhanden. Wer lieber einen frischen Kuchen spenden will, dem soll es nicht verwehrt werden! Wartet mal, ich lege mir gleich eine Liste an. Wer schreibt, der bleibt. Und nun schießt mal los, ihr Mädels, und sagt mir, was ihr eventuell beitragen könntet zu unserem Alten-Fest. Frisch gewagt ist halb gewonnen!«

Konditors Evi meldete sich als erste: »Ich stifte eine prima Buttercremetorte. Die alten Leute werden Augen machen!«.

Fräulein Engelhorn notierte es und ließ ihre Augen in die Runde schweifen. – »Meine Mutter wird einen Sandkuchen backen – so duftig und locker und zart wie ein Gedicht!« rief Doktors Christel.

»Ich kaufe Berliner Pfannkuchen«, versprach Ingrid.

»Und ich backe selber etwas, vielleicht einen Ottilien-Kuchen«, sagte Hella.

»Und du, Sonja?« wandte sich Evi an das neben ihr sitzende Mädchen.

Die Angeredete zuckte zusammen. Sie hatte wohl mal wieder ein bißchen vor sich hin geträumt, die gute Sonja. Vielleicht dachte sie an ihre Weihnachtsgeschenke – wer kann das wissen? Jedenfalls wurde sie rot und stotterte: »Ich – ich – ich b–backe einen – einen – Pfefferminzkuchen!«

Fräulein Engelhorn nickte ihr freundlich zu und notierte es auf ihrer Liste.

Als Hella nach Schluß der Mädchenstunde den Heimweg antrat, stieß sie an der nächsten Ecke auf eine völlig verstörte Sonja, die um ein Haar in ein Auto gestolpert wäre. Hella packte sie noch rechtzeitig am Arm und hielt sie fest. »Hallo, Sonja! Paß doch auf! Wo bist du denn bloß mit deinen Gedanken?«

Da errötet Sonja wieder und seufzt: »Ach, Hella, ich – ich bin so unglücklich!«

»Nanu! Wieso denn das?« wundert sich die Kameradin.

»Ich hab mich unsterblich blamiert«, stöhnt Sonja. »Vor Fräulein Engelhorn – und vor euch allen. Erinnerst du dich nicht? Ich hab' doch versprochen, einen Pfefferminzkuchen zu stiften.«

»Na, und? Dann stiftest du eben einen. Das kannst du doch, nicht wahr? Ich meine, ihr steht euch doch nicht schlecht. Ihr habt ja ein Geschäft.«

»Nein, nein, das ist es nicht. Aber weil meine Eltern beide im Geschäft arbeiten, hat meine Mutter doch nie Zeit zum Backen. Wir kaufen immer fertigen Kuchen. Trotzdem würd' ich's versuchen, wenn – wenn – ja, wenn es so was überhaupt gäbe! Aber das gibt's doch gar nicht. Es ist mir bloß so herausgefahren in der Aufregung. Pfefferminzkuchen! Hast du jemals was davon gehört? Ich nicht. Da sitze ich schön in der Patsche!«

Verdutzt guckt Hella die verstörte Sonja an. Aber ja! Es stimmt! Pfefferminztee gibt es und Pfefferminzdrops und Pfefferminzschokolade – aber Pfefferminzkuchen?? – Nein, ist das komisch! Hella grinst, Hella kichert, und dann schüttelt sie sich vor Lachen. Doch ein Blick auf Sonjas kummervolles Gesicht läßt sie wieder ernst werden. »Mach du dir bloß keine Sorgen«, tröstet sie. »Das werden wir schon hinkriegen. Wenn es noch keinen Pfefferminzkuchen gibt, dann erfinden wir eben einen. Macht doch Spaß, ist mal was ganz Neues, das noch in keinem Kochbuch steht!«

»Ja – wie denn?« ungläubig starrt Sonja ihre muntere Kameradin an. »Meinst du wirklich, daß man so was herstellen könnte? Ach, ich wäre so froh! Denn ich schäme mich furchtbar vor Fräulein Engelhorn und den andern Mädchen.«

Hella nickt eifrig und tatendurstig. »Klar kann man. Wir gehen zu Frau Hundertmark, unserer Hauswirtin. Die ist eine fabelhafte Köchin und Konditorin. In ihrem Küchenschrank hat sie Gewürze von jeder Art zu stehen. Darunter ist auch ein Fläschchen mit Pfefferminzöl, erst neulich hab' ich's gesehen. Das wird deine Ehre retten, Sonja! Wir werden einen schönen Napfkuchen backen und tun statt Zitronen-, Bittermandel- oder Rum-Aroma einfach ein paar Tropfen Pfefferminzöl hinein. Paß auf, das gibt eine ganz besonders leckere Angelegenheit!«

Nun hat Sonja endlich ihr seelisches Gleichgewicht wiedergefunden und verabschiedet sich voll überströmender Dankbarkeit.

Hella eilt vergnügt nach Hause. Beim Abendbrot kichert sie leise in sich hinein. Da werden die andern aufmerksam, und nun bleibt ihr nichts anderes übrig, als die ganze Pfefferminzkuchen-Geschichte zu erzählen.

Als Hella damit fertig ist, atmet Hanneli erleichtert auf. »Fein, daß du Sonja geholfen und sie wieder froh gemacht hast, Hella! Und jetzt kriegst du einen Stern. Nicht wahr, Hartmut?«

»Ja, kleb ihn nur dran, Ober-Sternkleberin! Aber nur unter einer Bedingung: Hella muß für jeden von uns ein Stück von ihrer neuen Erfindung, dem sagenhaften Pfefferminzkuchen, aufheben.«

Das verspricht Hella feierlich.

Mittwoch nach dem 4. Advent

Die goldene Weihnachtsglocke

Hella ist im Handarbeitsladen des Fräulein Fricke gewesen und hat die fertigen Decken abgeholt. Fräulein Fricke hatte doch versprochen, den Freundinnen die Abschluß-Spitzen an die gestickten Decken zu nähen. Nun sind die Geschenke für Hellas und Annelores Mutter fix und fertig, und sie sind wirklich schön anzuschauen.

Als Hella ins Haus Tannengrün zurückkehrt, findet sie dort Besuch vor: es ist Frau Blechschmidt aus der Nachbarschaft mit ihrer Tochter Gesine. Wie jedesmal, wenn Hella dem fast gleichaltrigen Nachbarsmädchen begegnet, gibt es ihr einen Stich. Wieviel muß Gesine entbehren, seitdem sie nach ihrer schweren Krankheit geistig zurückgeblieben ist! Sie liest keine Bücher und kann auch nicht den Mädchenkreis besuchen, weil sie sich vor den vielen fremden Mädchen zu sehr fürchten würde. Vor Wisselmanns fürchtet sie sich nicht mehr, denn die kennt sie nun schon.

Hella holt Adolars Bauer ins Wohnzimmer, denn Gesine hat immer ihre Freude an dem leuchtend grünen Wellensittich, der so lustig plappert: »Gib Küßchen, gib Küßchen! Adolar ist lieb.«

Dann fällt Hella noch etwas ein. Sie kramt die goldene Weihnachtsglocke hervor. Die hat sie vor zwei Jahren von ihrer Patin zu Weihnachten bekommen. Sie ist wunderschön, und die ganze Familie liebt sie heiß. Außen ist sie vergoldet (mit echtem Gold!), und sie hat eine dicke, geflochtene goldene Schnur, an der kann man sie aufhängen, etwa an den Wohnzimmerschrank.

Aufmerksam beobachtet Gesine, wie das stämmige blonde Nachbarsmädchen sich an der glänzenden goldenen Glocke zu schaffen macht und sie aufzieht – etwa so, wie man eine Weckeruhr aufzieht. Und dann – ja, dann ertönt plötzlich fein und zart ein Glockenspiel, denn die Weihnachtsglocke ist in Wirklichkeit eine Spieluhr, die ›Stille Nacht, Heilige Nacht‹ spielt, zuerst ziemlich schnell und dann allmählich immer langsamer. Gesine lauscht verzückt, mit offenem Mund und weit aufgerissenen Augen. Als die Spieluhr abgelaufen ist, bittet sie: »Noch mal, Hella, noch mal, bitte!«

Geduldig zieht Hella die Spieluhr wieder auf und dann noch einmal und noch einmal – aber nun hat Frau Blechschmidt ihre Unterhaltung mit Frau Wisselmann beendet und will aufbrechen. »Komm, Gesine«, sagt sie, »wir müssen heim.«

Das behinderte Mädchen verzieht das Gesicht, als wolle es weinen, und streckt die Hände sehnsüchtig nach der goldenen Glocke aus. Da zuckt etwas wie ein Blitz mitten durch Hella hindurch, ganz schnell, stark und heiß, und dann kann sie nicht anders, sie muß die goldene Weihnachtsglocke, das Geschenk ihrer Patin, nehmen, und es in Gesines bittend hingehaltene Hände legen.

»Hier, Gesine«, würgt sie mühsam heraus, »nimm sie mit. Ich schenk' sie dir zu Weihnachten.«

Für gewöhnlich sind Gesines blaßblaue Augen nicht so wie die Augen anderer, gesunder Kinder; da blicken sie unsicher, stumpf und glanzlos. Aber jetzt! Da leuchten sie auf wie die Sterne, ja, noch hundertmal schöner als der schönste Stern. Hanneli ist gerade ins Zimmer getreten und hat es auch gesehen.

Eben klebt sie einen Goldstern ans Sternenfenster, als Hartmut dazu kommt. – »Denk nur«, erzählt sie atemlos, »Hella hat der kranken Gesine Blechschmidt ihre goldene Weihnachtsglocke geschenkt.«

Hartmut runzelt die Stirn. »Was? Die goldene Weihnachtsglocke? Aber die brauchen wir doch, die gehört doch einfach mit dazu, die muß doch am Heiligen Abend ›Stille Nacht, Heilige Nacht‹ spielen. Was sollen wir denn ohne sie anfangen?« – Als er seine große Schwester erblickt, wendet er sich direkt an sie, und seine Stimme ist beinahe empört: »Warum hast du das getan, Hella? Du hättest Gesine doch was anderes zu Weihnachten schenken können, bei ihr spielt das doch keine Rolle, sie versteht es ja doch nicht. Aber die Glocke, die wir alle so gern haben! Die doch nicht! Was ist dir bloß eingefallen? Nun können wir sie nicht mehr spielen hören am Heiligen Abend.«

»Nein, das können wir nicht«, bestätigt Hella und schaut verlegen vor sich nieder. »Aber wir haben ja das Klavier. Und die Flöte. Und wir können singen. Ach, wir können so vieles, was Gesine nicht kann. Ich mußte es einfach tun. Warum – das kann ich nicht sagen.«

»Ist es dir nicht schwergefallen?« forscht Hartmut leise.

»Klar. Es war – es war – wie ein glühender Stich. Aber dann war es vorbei, und es wurde mir ganz leicht und froh.«

»Du hättest sie sehen müssen«, fällt Hanneli schnell ein. »O Hartmut, sie hat ordentlich gestrahlt vor lauter Freude. Hella hat es richtig gemacht – auch wenn wir nun keine Glocke mehr haben.«

Ganz plötzlich muß Hartmut an einen kleinen Jungen denken, an einen Jungen mit bittenden dunklen Augen, der Hassan heißt. Auch diese Augen werden vor Freude strahlen – so hofft Hartmut! – wenn er den neu lackierten roten Roller zu Weihnachten bekommt. Ja, Hella hat richtig gehandelt. Freude machen ist wichtiger als die schönste Spieluhr; Freude machen ist das Wichtigste.

Donnerstag nach dem 4. Advent

Der chinesische Armreif

Hanneli ist eine zärtliche Puppenmutter. Ihre Lieblingspuppe heißt Babette. Die ganze Puppenfamilie wohnt in dem Eckchen zwischen Hannelis Bett und dem Kinderkleiderschrank. Dort haben die Puppenkinder einen bunt bemalten Tisch und Stühle und sogar ein Sofa, wo sie gemütlich sitzen können.

Als Puppenmutter Hanneli nachdenklich ihre Puppenschar überblickt, findet sie, daß ihre Kinder unbedingt einen eigenen Weihnachtsbaum haben müssen. Ein so winziges Tannenbäumchen, das dort in die Ecke paßt, wird freilich nur schwer aufzutreiben sein. Aber ein schöner Tannenzweig tut's doch auch, nicht wahr?

Also läuft Hanneli zu Tante Hundertmark, und die Hauswirtin ist wirklich so nett, daß sie mit Hanneli in den Garten geht und einen wunderhübschen Fichtenzweig für ihre Puppen abschneidet. Nun ist Hanneli selig – und die Puppen auch, versteht sich! Man braucht den Zweig nur noch in ein Glas mit Wasser zu stellen. Da wird er sich wochenlang frisch halten.

Hm – ein richtiger Weihnachtsbaum muß aber auch geschmückt werden. Ist doch klar. Kerzen? Nein, das geht nicht, dazu ist er zu winzig. Vielleicht ein bißchen Lametta von der Mutti? O ja, das rückt sie schon heraus. Ein klein wenig Watte kann man sich leicht aus dem Badezimmer holen. Und dann – als Krönung des ganzen – ja, da fällt Hanneli etwas Wunderbares ein. Eifrig kramt sie in ihrem Schmuckkästchen.

Hier ist er! Prüfend hält Hanneli ihn gegen das Licht, den chinesischen Armreif. Ist er nicht wunderhübsch, dieser gewundene Reif aus himmelblauem, schillerndem Glas? Eine Freundin der Mutter hat ihn einmal von einer Weltreise mitgebracht. Leider hat er keinen Verschluß, und so kann die Mutter ihn nicht tragen. Ihre Hände sind zu groß. Nur Hanneli kann ihn noch über ihre schmalen Händchen streifen. Das tut sie aber nur selten, denn sie hat immer Angst, sie könnte den kostbaren, einmaligen chinesischen Armreif zerbrechen. Heute soll ihm nun die Ehre zuteil werden, den Puppenweihnachtsbaum zu verschönen. Das gelingt ihm ausgezeichnet! Der ganze Baum sieht gleich noch mal so schön aus. Hanneli ist sehr befriedigt – und die Puppen natürlich auch!

Die Mutter hat viel zu tun in diesen bewegten Tagen kurz vor Weihnachten. Fast immer ist sie ›in Fahrt‹. Sie öffnet schwungvoll den Kinderkleiderschrank, seine Tür springt weit auf – und stößt genau gegen den Puppenweihnachtsbaum. Etwas fällt zu Boden und macht ›klirr‹. O weh, da liegt ja der chinesische Armreif, in Stücke zerbrochen.

Frau Wisselmann ruft nach Hanneli und fährt sie streng an: »Was hast du nun schon wieder angestellt, Hanneli? Kannst du denn nicht besser achtgeben? Ein chinesischer Armreif ist doch schließlich kein Christbaumschmuck! Er war eine Erinnerung an meine Freundin, und nie, nie kann er wieder ersetzt werden. Dir darf man auch gar nichts anvertrauen, wenn du immer so unachtsam bist. Ja, nun ist er kaputt, nun ist alles dahin, und er war so einmalig hübsch . . .«

Die Mutter schilt, und Hannelis Tränen rinnen. Was kann sie tun? Es ist eben passiert. Man kann ihn nicht zusammenkitten, und man kann auch keinen neuen kaufen. Der Schaden ist nicht wiedergutzumachen.

Schließlich hält Hanneli es nicht mehr aus. Sie schleppt einen Schemel herbei, holt den Weihnachtszweig herunter von seinem Platz über dem Scherenschnitt, tritt damit vor die Mutter hin und schaut sie, um Friede bittend, an.

Ganz plötzlich beruhigt sich Frau Wisselmann, ja, sie lächelt sogar wieder ein klein wenig. »Du hast ja recht, Kleinchen«, sagt sie leise. »Es lohnt sich nicht, sich wegen eines lumpigen Armreifens so aufzuregen. Und du hast es ja nicht mit böser Absicht getan, sondern nur aus Unüberlegtheit.« – Dann will die Mutter Hanneli sogar aufhalten, als sie zum Sternenfenster eilt, um einen Purpurstern abzulösen. Aber Hanneli erwidert würdevoll – wie sie es von den Großen gehört hat: »Man muß nach seinem Gewissen handeln.« Die Mutter hat ja recht. Es war töricht von ihr. Ein kostbarer chinesischer Armreif ist doch kein Schmuck für den Puppenweihnachtsbaum! Doch was bedeutet schon ein Adventsstern mehr oder weniger – wenn nur Mutti nicht mehr böse ist.

Weihnachtsbäckerei

Die Mutter hat so viel zu tun vor dem Fest. Da muß eine große Tochter wie Hella ihr doch helfen – nicht wahr? Großzügig, wie sie nun mal ist, bietet sie Frau Wisselmann an, noch einen Kuchen zu backen für die Feiertage. Mutter Wisselmann hat zwar schon nach Kräften vorgesorgt: Weihnachtsstollen liegen bereit, auch ein Mohnstrietzel und Tortenböden für die Obstkuchen. Nun, einen leckeren Rührkuchen könnte man schon noch gebrauchen. Hella beschließt, einen Ottilienkuchen zu backen. Den mag sie besonders gern, und er läßt sich leicht zusammenrühren.

So hockt sie also am Tag vor Heiligabend in Tante Hundertmarks Küche und schneidet mit vor Eifer rotem Kopf Schokolade und Zitronat in kleine Stücke, zieht auch Mandeln ab und reibt sie in der Nußmühle. Endlich ist der Teig nach allen Regeln der Backkunst schön sahnig gerührt, und alle Zutaten sind beigefügt worden. Jetzt wird er in eine sorgfältig gefettete und mit Papier ausgelegte Kastenform gefüllt und in den Elektro-Backofen geschoben.

Die beiden Kuchenbäckerinnen – die alte und die junge – unterhalten sich angeregt, die Zeit vergeht so schnell, und als sie dann in den Backofen gucken, ist der Ottilienkuchen oben schon ein bißchen schwarz gebrannt. »Wie hat denn das passieren können?« wundert sich Frau Hundertmark. »Wir haben doch gar nicht zu lange gewartet. Der Strom muß heute besonders gut sein.«

»O weh, o weh, mein schöner Kuchen«, jammert Hella. »Wie sieht er denn nun aus! Niemand wird ihn essen mögen. Und ich hatte mir gerade solche Mühe gegeben. Sag, Tante Hundertmark, warum mißlingt uns gerade dann oft etwas, wenn wir uns besonders anstrengen und es besonders gut machen wollen?«

Frau Hundertmark wiegt den grauhaarigen Kopf und denkt nach. »Vielleicht sollen unsere Bäume nicht in den Himmel wachsen«, meint sie dann. »Wir sind alle nur Menschen – und wenn uns etwas gut gelingt, bilden wir uns nur zu leicht etwas darauf ein. Da braucht's eben dann und wann einen Dämpfer, damit wir hübsch bescheiden und demütig bleiben. – Und nun mach dir keine Gedanken wegen deines Kuchens. Den werden wir schon noch fein herausputzen. Wir warten jetzt, bis er etwas abgekühlt ist. Dann reiben wir die schwarzen Stellen vorsichtig ab und überziehen ihn mit einem Zuckerguß. Alle werden staunen, wie verlockend er dann aussieht! Was für einen Guß wollen wir nehmen? Zitronenguß? Rumguß? Oder einen rosa Himbeerguß?«

Hella ist für den rosa Guß, das ist doch mal was anderes. Und während sie den Puderzucker für den Guß abmessen und durchsieben, erzählt Frau Hundertmark von einer Missionarin in Afrika, die in ihrem primitiven kleinen Herd einen besonders schönen Kuchen backen wollte, als ihre Mutter aus Deutschland zu Besuch kam. Leider mißriet der Kuchen, und sie war untröstlich. Doch ihre eingeborene Helferin redete ihr gut zu und sagte: »Ach was, das ist doch nicht schlimm, das ist ja nur irdisch!«

Der Ottilienkuchen ist noch nicht genug abgekühlt, und so kann man noch ein wenig plaudern. – »Sag, Tante Hundertmark, warst du immer schon eine so tüchtige Bäckerin?« möchte Hella wissen.

»Nun, es hat mir eben schon immer Freude gemacht«, erwidert die Hauswirtin, »das Backen, meine ich. Als ich heiratete – es war kurz vor dem zweiten Weltkrieg – war ich schon ziemlich geübt darin. Das fand wenigstens mein Mann – und sogar meine Schwiegermama! Dann brach der Krieg aus, und nun nützten mir all meine schönen Rezepte wenig, denn die fingen stets an mit ›Man nehme‹; doch nirgends stand vermerkt, woher man all die guten Sachen nehmen sollte! Damals bat mich meine Schwiegermama, doch zu ihr zu kommen und einen Weihnachtsstollen zu backen. Die Zutaten dazu hätte sie sich schon aufgespart. Das tat ich denn auch. Sie hatte die Zutaten alle auf dem Tisch bereitgelegt und ging dann fort. Ich überprüfte die Zutaten, wog sorgfältig die benötigten Mengen ab und begann mein Werk. Als ich meinen schönen Stollen – extra prima Friedensqualität! – aus dem Backofen herausholte, erschrak ich. Unerklärlicherweise war er zu einer harten, niedrigen Platte geworden. Ganz niedergeschlagen zeigte ich ihn meiner Schwiegermama. Doch sie tröstete mich und meinte, er würde uns trotzdem schmecken. Darin hatte sie sich leider getäuscht! Denn als wir ihn anschnitten, löste sich das Rätsel: in der Tüte, die ich für die Zuckertüte gehalten hatte, war leider Salz gewesen . . . Merk es dir, Hella: man soll immer erst mal probieren!«

Da muß Hella lachen und ist nun wieder ganz vergnügt. Ihr Kuchen sieht wunderhübsch aus, nachdem er seinen rosaroten Zuckerguß bekommen hat. – »Jetzt heißt er nicht mehr Ottilienkuchen, denn wir haben ja das Rezept verändert und ergänzt«, lächelt Frau Hundertmark. »Jetzt heißt er Hella-Kuchen.«

Bei Wisselmanns wird der rosarote Hella-Kuchen sehr bewundert, und alle finden, es müßte unbedingt noch ein Goldstern ans Sternenfenster geklebt werden.

Der Heilige Abend

Der Nachmittag vom 24. Dezember ist der schönste im ganzen Jahr, aber der Vormittag dieses Tages ist dafür der allerlängste und gräßlichste, der will überhaupt kein Ende nehmen – findet Hanneli Wisselmann. Niemand will sie bei sich haben, überall ist sie im Wege – ach, es ist einfach zum Verzweifeln. Zuerst versucht sie's bei der Mutter in der Küche. Die richtet gerade den Festtagsbraten für die Feiertage, und Nachtisch muß sie auch noch vorbereiten und einen Salat für den Abend mixen – nein, sie kann ihre Jüngste nicht gebrauchen, denn da gibt es im Augenblick nichts zu helfen, auch keine Töpfe auszuschlecken.

Seufzend verzieht Hanneli sich ins Kinderzimmer. Hartmut ist nicht da, der hilft heute vormittag noch einmal bei Kaufmann Pfendsack aus. Dafür ist Hella anwesend. Man kann es nicht übersehen und auch nicht überhören, denn sie ist beim Reinmachen und hat den Staubsauger angestellt. Wenn Hella in Fahrt kommt und in Arbeitswut gerät, ist es nicht ratsam, ihr vor die Füße zu laufen. Eben stellt sie den Staubsauger ab und ruft: »Dein Weihnachtszweig muß nun runter dort oben von dem Scherenschnitt, denn er nadelt schon. Die Adventszeit ist ja auch zu Ende. Aber steh bitte nicht hier herum und stör mich! Ich bin in Eile.«

Unglücklich schleicht Hanneli hinaus. Wo soll sie bloß hin? Der Vater schmückt im Wohnzimmer den Weihnachtsbaum. Da darf sie nicht hinein. Schließlich hockt sie sich in den Flur und schluchzt jämmerlich vor sich hin. Dort findet sie der Vater und hat Erbarmen mit ihr. Als Erzieher weiß er, daß Kinder fast immer artig sind, wenn sie eine ordentliche Beschäftigung haben. Womit könnte er denn jetzt seine unglückselige Kleine beschäftigen?

Er überlegt sich die Sache, dann sagt er: »Hör auf zu weinen, Hanneli! Am Heiligen Abend weint man doch nicht! Komm her, ich weiß etwas ganz Feines für dich. Geh und hol deine neue Malkreide, und dann komm in mein Arbeitszimmer!«

Sogleich versiegen Hannelis Tränen. Erwartungsvoll setzt sie sich an Vaters großen Schreibtisch. Sie bekommt ein dickes Kissen untergeschoben. Dann verschwindet der Vater im Weihnachtszimmer, und als er wiederkommt, hält er ein buntes Mäppchen in der Hand. »Ausnahmsweise will ich dir schon jetzt eines deiner Weihnachtsgeschenke übergeben«, erklärt er. »Schau her! Es ist ein Mäppchen mit Kinderbriefpapier zum Ausmalen. Nun brauchst du dich nicht mehr zu langweilen.«

Hanneli strahlt. Oh, das ist herrlich! Hier darf sie also in aller Ruhe sitzen und die hübschen Kinderbilder ausmalen mit ihrer feinen Malkreide. Als ein Bogen fertig ist, findet sie, daß man nun auch einen Brief darauf schreiben muß. Aber an wen? An wen könnte sie noch einen Weihnachtsbrief schreiben? Es muß jemand sein, der sonst keine Post bekommt zum Christfest, der ganz einsam und verlassen ist und doch auch eine Weihnachtsfreude haben soll . . . Hanneli sinnt und sinnt – und dann fällt ihr Herr Magersuppe ein, der Rentner aus dem Pappelweg, dem sie mit Schwester Dora und der Kindergruppe ein Weihnachtslied gesungen haben. Also schreibt sie einen kleinen Brief an ihn, in dem sie ihm ein frohes Weihnachtsfest und ein gesegnetes neues Jahr wünscht.

Als Hanneli beim Mittagessen davon erzählt, erntet sie Lob für ihren guten Einfall und kriegt sogar noch am Heiligen Abend einen Purpurstern ans Sternenfenster geklebt.

»Wir tun gleich eine Marke drauf und stecken ihn nachher in den Kasten«, sagt Hella.

»Nur schade, daß er nun vor Weihnachten nicht mehr ankommt«, meint Hartmut.

Doch der Vater weiß, was da zu tun ist: »Wenn wir zur Kirche fahren, machen wir schnell noch einen kleinen Abstecher in den Pappelweg und geben den Brief ab.«

Hella nickt erfreut. »Dann kann ich Herrn Magersuppe gleich zu unserm Altennachmittag am 29. Dezember einladen.«

Und die Mutter fügt hinzu: »Wir packen ihm noch eine Kleinigkeit ein, ein paar Plätzchen, Apfelsinen und ein bißchen Schokolade, nur gerade solch ein kleines Päckchen. Obendrauf kommt Hannelis schöner Weihnachtsbrief.«

So wird's gemacht. Hella und Hanneli stiefeln die Treppen hinauf zum Giebelstübchen des alten Rentners. Sie geben das Päckchen ab, und Hella richtet ihre Einladung zum Altennachmittag aus. Dann geht es im Auto weiter zur Kirche. Der Gottesdienst ist sehr feierlich. Das Krippenspiel der Mädchen macht das Weihnachtsgeschehen in Bethlehem richtig lebendig. Alle Spieler geben ihr Bestes – die Hirten, der Verkündigungsengel, Maria und Joseph. Es werden auch viele Weihnachtslieder gesungen, und zum Schluß hält der Pfarrer noch eine kurze Ansprache.

Er spricht über das Bibelwort Sacharja 2, 14: »Freue dich und sei fröhlich! Denn siehe, ich komme und will bei dir wohnen, spricht der Herr.« – Nun feiern wir wieder das Weihnachtsfest, auf das wir uns schon so lange vorbereitet haben. Leider geht es nur zu schnell vorüber. Die Kerzen brennen herunter, die Christbäume verlieren die Nadeln, die Plätzchen werden aufgegessen, die Geschenke weggeräumt, und die Weihnachtsgäste reisen wieder ab. Was bleibt uns dann noch übrig von Weihnachten? Unser wahres Weihnachtsgeschenk, unser eigentlicher Weihnachtsgast verläßt uns nicht wieder, wenn die Festtage vorbei sind. Er, auf dessen Kommen wir uns ja vorbereiten sollten in der Adventszeit, hat versprochen, bei uns zu wohnen, also immer bei uns zu sein als unser starker Helfer in aller Not. Ist das nicht ein Grund zur Freude?

Wieder in Haus Tannengrün angelangt, wird bei Wisselmanns zuerst Kaffee getrunken, und dann folgt die häusliche Feier mit anschließender Bescherung. Frau Gramlich wird den Heiligen Abend bei Hundertmarks verleben, so braucht sie nicht allein zu sein. Für den 2. Weihnachtstag sind Hundertmarks und sie zu Wisselmanns eingeladen.

Es wird viel gesungen und musiziert bei Wisselmanns. Der Vater spielt Klavier, und Hella bläst die Flöte. Hartmut sagt die Weihnachtsgeschichte auf und Hella und Hanneli je ein Weihnachtsgedicht. Dann darf jeder seine Geschenke anschauen.

Hartmut freut sich riesig über das blitzende Fahrrad und Hanneli über den Puppensportwagen für ihre Lieblingspuppe Babette. Die Eltern sind auch erfreut über die schönen und praktischen Geschenke ihrer Kinder und bestehen darauf, daß noch drei Sterne ans Sternenfenster geklebt werden müssen. Am meisten wird über das Geschenk gelacht, das Hella für ihren Vater gearbeitet hat. Es ist eine Küchenschürze, auf der gestickt steht: »Er meint es doch nur gut.« Das ist eine Anspielung darauf, daß sich Lehrer Wisselmann nicht besonders geschickt anstellt in der Küche . . .

Auf Hellas Platz liegen die Schlittschuhe, die sie sich gewünscht hatte. Es ist eine Karte dabei, die besagt, daß ihre Patentante sie ihr geschenkt hat. Außerdem steht dort noch ein bunter Weihnachtsteller, der Druckerkasten von Hartmut und ein Lesezeichen von Hanneli.

Frau Wisselmann tritt zu ihrer Ältesten und sagt geheimnisvoll: »Unser Weihnachtsgeschenk für dich ist nicht hier im Zimmer. Wir wollen es später ansehen.«

Nanu! Das ist aber spannend. Es verschlägt Hella ordentlich die Sprache. Sie fühlt ihr Herz klopfen. Oh, was mag es denn nur sein?

»Wir gehen jetzt eine Treppe höher«, sagt der Vater plötzlich. Wie? Zu Frau Gramlich? wundern sich die Kinder. Aber Herr Wisselmann klopft gar nicht bei ihr an, sondern stößt eine ganz andere Tür auf, die zu einer von Hundertmarks Gästekammern führt. Er knipst das Licht an, und alle rufen: »Aaahhh!« Denn es sieht aus, als ob die Sonne hereinschiene in dies reizende kleine Zimmer, so hell leuchten die orangefarbenen Vorhänge und die Bettdecke, die Kissen und der Bettvorleger in der gleichen Farbe. In dem Öfchen in der Ecke prasselt ein lustiges Feuer.

»Dies ist nun dein eigenes kleines Reich, Hella«, erklärt der Vater. »Hundertmarks haben den Schrank gestiftet und Frau Gramlich die hübsche alte Kommode. Wir haben das Bett, das Tischchen und die beiden Stühle herbeigeschafft. Die Sachen sind ja nicht neu, aber es macht sich doch alles recht hübsch und wird fürs erste genügen. Dies ist also dein Weihnachtsgeschenk.«

Hanneli hatte gedacht, die große Schwester würde vor Freude einen Luftsprung machen. Aber sie sitzt bloß ganz still auf einem Stuhl, und die Tränen laufen ihr übers Gesicht. Hanneli zupft die Mutter am Rock. »Sag, Mutti, warum weint sie denn?«

Die Mutter lächelt. »Weil sie sich so sehr freut. Wenn man sich ganz doll freut, muß man manchmal vor lauter Freude weinen.«

Ja, Hella ist einfach überwältigt. Sie kann es noch nicht fassen. Wie haben die Eltern es nur erraten können, daß sie sich so sehr ein eigenes Zimmer gewünscht hat? Davon hat sie doch nie ein Sterbenswörtchen verlauten lassen. Nur Gott, der alle unsere geheimen Wünsche und Gedanken kennt, hat es gewußt. Er muß es den Eltern ins Herz gegeben haben. Und nun hat er ihr ihren Herzenswunsch erfüllt – trotz ihrer häßlichen, neidischen Gedanken. Das ist so wunderbar, daß Hella am Heiligen Abend weinen muß.

Der 1. Weihnachtstag

Am 1. Weihnachtstag ist Hella zu Wienholds eingeladen. Annelore hat auch Gudrun Winter zu sich gebeten. Die drei Schulfreundinnen verleben einen gemütlichen Nachmittag. Sie spielen zuerst ein Verkehrsspiel, dann ›Denk fix!‹ und zuletzt ›Monopoly‹. Das ist Annelores Lieblingsspiel. Gudrun ist viel munterer als sonst. Sie erzählt von dem himmelblauen Wellensittich, den sie zu Weihnachten bekommen hat. Er soll ›Blue Boy‹ heißen. Auch über Hellas Tierbuch hat sie sich gefreut. »Wenn ich es ausgelesen habe, werde ich deine kleine Schwester bitten, daß sie mir die restlichen Bilder auch noch ausmalt!« sagt sie lächelnd.

Die andern Glieder der Familie Wisselmann sind zu Röders eingeladen. Andy Röder ist ein Jahr älter als Hanneli. Stolz zeigt er ihr seinen neuen Kaufladen, und die beiden Kinder fangen gleich an, damit zu spielen.

Hartmut und sein Freund Gerhard schauen den Kleinen eine Weile beim Spiel zu. Dann fragt Hartmut: »Was hast denn du bekommen, Gerhard?«

Gerhard zuckt zusammen. »I-ich?« stottert er. »G-gar nichts!« Dann wurde er rot. Es stimmte natürlich nicht. Aber – wie sollte er seinem Freund das erklären? – er hatte eben nicht das gekriegt, was er sich gewünscht hatte. Am liebsten wollte er ein Tonbandgerät haben, doch seine Eltern erklärten, dazu sei er noch zu jung. Weder ein Kofferradio noch einen Fotoapparat hatten sie ihm diesmal anvertrauen wollen. Deshalb schmollte Gerhard nun ein bißchen und guckte seine Geschenke kaum an.

Na, seinem besten Freund mußte er sie anstandshalber doch wohl zeigen. Also, da war ein Schlafanzug, ein weißes Sonntagshemd, ein Metallbaukasten, ein Würfelspiel, zwei Jugendbücher, neue Briefmarken für seine Sammlung und ein großer Teller mit Süßigkeiten. Hartmut betrachtete und lobte alles; trotzdem hellte sich Gerhards düstere Miene nicht auf. Aus Schlafanzügen und Hemden machte er sich nun mal nichts, die kriegte man ja sowieso, wenn's nötig war . . . Und als Hartmut dann auf seine Frage hin von seinem neuen Fahrrad erzählte, war's endgültig geschehn um seine Festtagsstimmung. Zum Glück rief Frau Röder die Kinder jetzt zum Kaffeetrinken.

Um wenigstens einen kleinen süßen Trost zu finden, stopfte Gerhard ein Stück nach dem andern in sich hinein von der Weihnachtstorte mit dem dicken Schokoladenguß, bis es ihm etwas sonderbar zumute wurde. Deshalb schlug er seinem Freund nach dem Essen einen Gang an die frische Luft vor. Hartmut war einverstanden. Das Wetter war ruhig und etwas neblig mit ganz leichtem Frost.

Die Jungen schlugen ein flottes Tempo an. Unversehens waren sie in die Fischergasse eingebogen. Sie lag im ältesten Teil der Stadt und wurde gerne von Fremden aufgesucht. Hier drängten sich die alten Fachwerkhäuser eng zusammen. Ihr Oberstock schob sich noch ein Stückchen vor, so daß sich die Nachbarn aus ihren Schlafstubenfenstern die Hände reichen konnten. Sie sah richtig malerisch aus, die Fischergasse; aber sehr gemütlich konnte es kaum sein in ihren düsteren Häusern.

Dort in der Fischergasse begegnen die Freunde ihrem Klassenkameraden Hannes Klein. Er lacht sie an und ruft: »Fröhliche Weihnachten!«

Gerhard Röder wundert sich. So vergnügt hat er den Hannes selten gesehen. Der muß bestimmt was besonders Schönes zu Weihnachten gekriegt haben!

Hannes macht kein Geheimnis daraus. Strahlend hält er ein Paar herrlich bunte Fausthandschuhe hoch. »Seht mal! Die hat mir meine Mutter zu Weihnachten gestrickt. Aus lauter Resten! Sind sie nicht einmalig?«

Hartmut und Gerhard nicken höflich. Hannes hat recht. Die sind wirklich einmalig in ihrer Farbzusammenstellung! – »Und – und was hast du sonst noch bekommen?« erkundigt sich Gerhard vorsichtig.

Hannes gibt bereitwillig Auskunft: »Einen Nikolaus aus Schokolade, eine Tüte mit Lebkuchenherzen und einen Malkasten für die Schule. Bisher hatte ich keinen und mußte immer bei andern um Farbe betteln. In diesem Jahr haben wir sogar ein Weihnachtsbäumchen! Voriges Jahr hatten wir keins. Mutter sagte, unsere Wohnung hier in der Fischergasse sei zu klein. Aber diesmal fanden wir ein winziges Bäumchen, das gerade noch Platz hat. Gestern nachmittag sind wir auch in der Kirche gewesen und haben das Krippenspiel angesehen. Weihnachten ist schön!«

Gerhard schluckt und fühlt, wie ihm das Blut zu Kopf steigt. Und das kommt nicht von der vielen Schokoladentorte in seinem Magen – o nein! Wie konnte er nur so unzufrieden und undankbar sein! Wenn er an Hannes denkt, der mit seiner Mutter zusammen in einem dieser alten Häuser wohnt, dessen Mutter arbeiten gehen und Geld verdienen muß, um den Lebensunterhalt für sich und ihren Sohn bestreiten zu können, und der in all dieser Dürftigkeit so glücklich und zufrieden ist – ja, wenn er an all das denkt, dann wird es ihm ganz heiß vor Scham. Plötzlich hat er eine Idee, und er sagt schnell: »Wenn du Lust hast,

Hannes, dann komm doch 'n bißchen mit zu uns! Ich hab ein neues Spiel gekriegt zu Weihnachten, das könnten wir alle zusammen spielen.«

O ja, Hannes hat schon Lust und geht gerne mit. Seine Klassenkameraden kümmern sich sonst nicht viel um ihn. Aber heut ist ja Weihnachten! Da ist alles möglich – nicht wahr?

Bei Röders wird fröhlich gespielt und viel gelacht. Später werden bei Kerzenschein Weihnachtslieder gesungen. Jeder darf sich eins wünschen. Lehrer Wisselmann wählt: »Kommt und laßt uns Christum ehren . . .«

Er kann einfach nicht anders – er muß den Kindern doch mal wieder eine Frage stellen: »Wißt ihr, warum ich mir gerade dieses Weihnachtslied gewünscht habe? Nein? Nun, weil da im dritten Vers die Rede ist von dem größten und schönsten Weihnachtsgeschenk, das es überhaupt gibt. Hört noch mal genau hin:

> Sehet, was hat Gott gegeben:
> seinen Sohn zum ew'gen Leben.
> Dieser kann und will uns heben
> aus dem Leid ins Himmels Freud.

Das ist nämlich das eigentliche, wirkliche Weihnachtsgeschenk: das Kind in der Krippe, Gottes Sohn, unser Heiland.« –

Der 2. Weihnachtstag

Am 2. Weihnachtstag haben Wisselmanns Gäste. Außer den Hauswirtinnen und Frau Gramlich sind noch Familie Röder und Annelore Wienhold eingeladen. Die Kinder haben sich zum Spielen ins Kinderzimmer zurückgezogen. Sie sind ja heut ein halbes Dutzend – da läßt sich's herrlich spielen!

Zuerst kommt ›Memory‹ an die Reihe – ein Spiel, bei dem die Jüngsten immer die besten Chancen haben. Das Bibelfragen-Spiel und ›Pferderennen‹ folgen. Auf einmal entdeckt Annelore im Spielschrank der Wisselmännchen ein Monopoly-Spiel.

»Das wollen wir jetzt spielen, das mag ich am liebsten«, schlägt sie eifrig vor.

Hartmut schüttelt den Kopf. »Das ist nichts für die Kleinen.«

»Na, die können ja inzwischen was anderes spielen in der Küche«, sagt Annelore mit einer Spur von Ungeduld in der Stimme.

»Zu Weihnachten! Was anderes! Schau sie dir doch nur an, was sie für Gesichter ziehen!« höhnt Hartmut.

Gerhard, der beobachtet, wie sein kleiner Bruder schon bedenklich die Unterlippe vorschiebt, stößt sofort ins gleiche Horn: »Du hast eben keine kleinen Geschwister. Deshalb verstehst du nichts von der Sache.«

Annelore macht ärgerlich »Phh!«, reckt das Näschen in die Luft und verkündet: »Man soll die Kleinen nicht immer so verwöhnen und ihnen allen Willen tun!«

»Aber die großen Mädchen – denen soll man allen Willen tun, was?« schnaubt Gerhard wütend.

»Und du – du hast auch noch 'n Engel gespielt! Daß ich nicht lache!« trumpft Hartmut auf.

Jetzt fühlt sich Hella veranlaßt einzugreifen, denn das führt zu weit! Annelore ist ihre Freundin, und sie ist Gast hier im Hause, man darf sie schließlich nicht beleidigen. »Also wirklich!« ruft sie streng. »Das hier hat doch überhaupt nichts mit unserm Krippenspiel und mit Annelores Rolle zu tun. Bleibt gefälligst bei der Sache!«

»Wohl hat es etwas damit zu tun – sogar sehr viel«, widerspricht Hartmut, und Gerhard fällt ein: »Mädchen müssen eben immer streiten – da ist keine Spur von 'nem Engel dran!«

Ja, leider ist die schönste Streiterei im Gange. Hanneli ist verzweifelt. Wie kann man nur – sich so streiten – und das am 2. Weihnachtstag! Sie will schnell auf einen Stuhl steigen und den Weihnachtszweig herunterholen, aber der ist ja nicht mehr da. Hella hat ihn fortgeworfen, weil er so genadelt hat. Was nun? – »Hella! Hartmut! Gerhard! Annelore!« schreit sie aufgeregt, während ihr die Tränen in die Augen steigen. »Ihr dürft doch nicht zanken! Heut doch nicht! Doch nicht an Weihnachten! Wenn ihr unbedingt Monopoly spielen wollt – na, dann spielt es doch. Andy und ich gucken dann eben zu.«

Auf einmal wird es still im Kinderzimmer. Die vier Großen senken beschämt ihre roten, erhitzten Köpfe. Hella holt tief Atem, dann umfaßt sie ihre kleine Schwester und sagt mit ganz normaler, ruhiger Stimme: »Du hast recht, Kleinchen. Es war furchtbar dumm von uns. Und schlimm außerdem, denn an Weihnachten zankt man doch nicht. Da soll ja Friede herrschen – auch in allen Kinderzimmern. Und jetzt wollen wir das lustige Flunderspiel hervorholen – falls niemand etwas dagegen hat.«

Nein. Keiner ist dagegen. Alle sind dafür. Sie haben großen Spaß dabei. Als sie gerade fertig sind, kommt Herr Wisselmann herein, um die Kinder zum Singen ins Wohnzimmer zu holen. Nach dem Singen und Musizieren bei Kerzenschein brechen die Gäste auf. Hella hilft der Mutter beim Aufräumen.

Zur Abendbrotzeit findet sich Familie Wisselmann wieder zusammen. Da sagt Hella: »Hanneli muß einen Stern haben. Sie hat Frieden gestiftet. Hartmut und ich – hm – wir kriegen einen abgezogen.« – Und schon ist sie ans Sternenfenster getreten.

»Aber nun ist Schluß damit«, erklärt der Vater. »Es galt ja eigentlich nur für die Adventszeit. Nach dem Essen wollen wir die Sterne zählen und den ›Sternensieger‹ ermitteln.«

Hanneli schaut nachdenklich in ihren Milchbecher und seufzt. Als der Vater sie nach ihrem Kummer fragt, blickt sie ihn betrübt an. »Was soll denn nun werden, Vati, wenn wir keinen Weihnachtszweig und kein Sternenfenster mehr haben? Dann ist ja gar nichts mehr übrig von Advent und Weihnachten; dann ist ja alles wie vorher.«

»Dummerchen!« lächelt der Vater und streicht ihr übers Haar. »Der Weihnachtszweig und das Sternenfenster und alles andere – Kerzen, Adventskranz, Tannenbäume, Geschenke – sind doch nichts als lauter Gleichnisse und Bilder, die uns hinweisen und hinführen möchten zu dem Kind in der Krippe, zu dem König aller Könige. Gestern bei Röders haben wir ja davon gesungen, von dem größten und schönsten Weihnachtsgeschenk: ›Sehet, was hat Gott gegeben! Seinen Sohn zum ewgen Leben.‹ – Dieses Weihnachtsgeschenk verschwindet nicht; das bleibt uns. Das hat ja auch der Pfarrer gesagt am Heiligen Abend – erinnerst du dich noch? ›Unser wahres Weihnachtsgeschenk verläßt uns nicht wieder, wenn die Festtage vorbei sind. Er hat versprochen, bei uns zu wohnen.‹ – Gewiß, der Weihnachtszweig sollte uns an Sein Kommen und an Seine Gegenwart erinnern. Wenn man nun vier Wochen lang mit dem Zweig ›geübt‹ hat, sollte man schließlich auch ohne Zweig daran denken, daß man sich immer so verhalten muß, wie sich das gehört in der Gegenwart eines Königs.«

Nachher werden also die Sterne gezählt. Es sind sieben Goldsterne, sechs Silbersterne und fünf Purpursterne, also achtzehn Sterne im ganzen.

»Hella ist Sternensiegerin – ich hab's ja gleich gewußt!« ruft Hanneli begeistert.

»Ach was», wehrt die großmütige Hella. »Hab ja bloß einen Stern mehr als Hartmut. Dafür bin ich auch älter. Und niemand hat so viele Sterne ablösen müssen wie ich! Nein, nein, im Grunde sind wir alle drei gleich.«

Lehrer Wisselmann kann seinen Beruf nicht verleugnen! Er muß mal wieder eine Frage stellen: »Und was habt ihr nun gelernt in dieser Adventszeit durch euer Sternenfenster?«

Hanneli hebt artig ihr Fingerchen – wie in der Schule. »Daß Freudemachen Freude macht! Ich hab mich immer so gefreut, wenn ein neuer Stern ans Fenster kam, ganz gleich, wem er gehörte.«

»Dafür bist du ja auch unsere Ober-Sternkleberin«, grinst

Hartmut und zupft seine kleine Schwester zärtlich am Ohr. Dann fährt er ernsthaft fort: »Mir ist auch was aufgegangen. Ich kann's nur nicht so gut erklären. Andere zu erfreuen, das gelingt am besten, wenn man gar nicht daran denkt, ich meine, wenn man gar nichts Besonderes tun will, sondern einfach nur das, was einem grad vor der Nase liegt.«

»Ein ›Sternentag‹ ist was Schönes«, meint Hella. »Aber leider sind nicht alle unsre Tage Sternentage. Da gibt's auch solche – solche grauen ›Nebeltage‹, wo einem alles schief geht.«

»Das stimmt«, bestätigt der Vater. »Aber ist es nicht wunderbar, daß unser Herr und Heiland uns an den ›Nebeltagen‹, wo wir uns selber nicht ausstehen können, genauso liebt wie an unsern ›Sternentagen‹?«

»Ich hab früher gar nicht gewußt, wie schlimm ich eigentlich bin«, murmelt Hella vor sich hin, »so unzufrieden und neidisch und oft so heftig . . .«

»Ja, Hella. Erst wenn die Sonne ins Zimmer scheint, erkennen wir den Staub in den Ecken; erst wenn Gottes Licht unser Herz erleuchtet, erkennen wir, wie es in Wirklichkeit um uns steht. Und was machen wir nun mit all den Eigenschaften, die uns Not machen – wie etwa der Neid oder der Zorn? – Die dürfen wir dem Kind in der Krippe schenken. Kennt ihr nicht das Gespräch des heiligen Hieronymus an der Krippe? Dieser Christ aus alter Zeit wollte dem Jesuskind so gerne etwas schenken. Erst wollte es nichts annehmen, aber als er so sehr drängte, sprach das Jesuskind zu ihm: »Nun gut, wenn du mir unbedingt etwas schenken willst, dann schenk mir deine Sünde. Ich will sie hinauftragen ans Kreuz.‹ – Ja, Kinder, und wenn wir sie ihm überlassen, dann drücken sie uns nicht mehr, dann können wir frei und froh ins neue Jahr hinüberwandern, wie es in einem alten Liede heißt:

›Und wer es mit dem Kinde wagt,
am Ende muß ganz unverzagt,
sehr stark und fröhlich werden.‹«

TELOS-Kindertaschenbücher

3005 Ruth Frey
Hör mal, Tante Ruth
3006 Hedwig Andrae
Ein königlich Kind
3007 Hildegard Krug
Die Leuchtraketchen
3013 Kim Simmons
Das Rätsel des Drachenturmes
3017 Elli Kühne
Schlüpp und die Lederhosen eine Nr. größer
3019 Ohles/Hajak
Drei Mädchen um Markus
3020 Dennis W. Boreham
Mit Struppi a. d. Flucht
3021 Grace Cowling
Lisa und Kipp . . .
3022 Ellen MacLeod
Die geheimn. Glocke
3023 Hildegard Krug
Die Roten Adler . . .
3024 Marie Jürgenmeyer
Rita packt es doch
3026 Walter Schinzer
Schatzsucher
3027 Ruth Frey
mutig, standhaft – kaum zu glauben
3029 Hildegard Krug
Es weihnachtet wieder
3030 Hildegard Krug
Der Stachelkaktus
3031 Eva-Johanna Hajak
Bei uns geht's rund
3032 Wolfgang Heiner
Noch fünf Sekunden bis zum Tod
3034 A. Ahlborn/A. Pielenz
Reinhard kommt doch zurecht
3035 Herrmann/Langenfeld
Juttas neue Welt
3036 Gudrun Wagner
Kurs halten – Stefan
3037 Hildegard Krug
Die glücklichen Geschwister
3039 Hildegard Krug
Neue Erlebnisse der Familie Wisselmann
3040 John Bunyan
Pilgerreise in Bildern
3041 Ingrid Neufeld
Das Geheimnis der Pioniere
3042 Hildegard Krug
Weihnachsgäste bei Wisselmanns
3043 Andreas Schwantge
Erbarmungslose Jagd
3044 Hildegard Krug
Eine aufregende Adventszeit bei Wisselmanns
3045 Erich Schmidt-Schell
Die Kinder vom Birkenhof